DIBUJAR EN 10 PASOS

caras

Título original: *10 Step Drawing – Faces*

© 2024 Librero b.v. (edición española)
www.librero.nl

© 2024 Quarto Publishing plc

Editor: James Evans
Directora editorial: Isheeta Mustafi
Director artístico: James Lawrence
Coordinadora editorial: Jacqui Sayers
Técnico editorial sénior: Dee Costello
Editora del proyecto: Polly Goodman
Diseño: JC Lanaway

Producción de la edición española:
Traducción: Míriam Torras González
para Delivering iBooks & Design
Redacción y maquetación:
Delivering iBooks & Design, Barcelona

Distribución exclusiva de la edición española:
Librero IBP S. L.
C/ Paseo de los Olmos, n.º 20
Planta 1.ª, oficina 7
28005 Madrid, España
www.librero-ibp.es

Impreso en China
ISBN: 978-84-1154-049-0

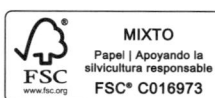

MIXTO
Papel | Apoyando la
silvicultura responsable
FSC® C016973

DIBUJAR EN 10 PASOS
caras

CÓMO DIBUJAR MÁS DE 40 RETRATOS EN SOLO 10 PASOS

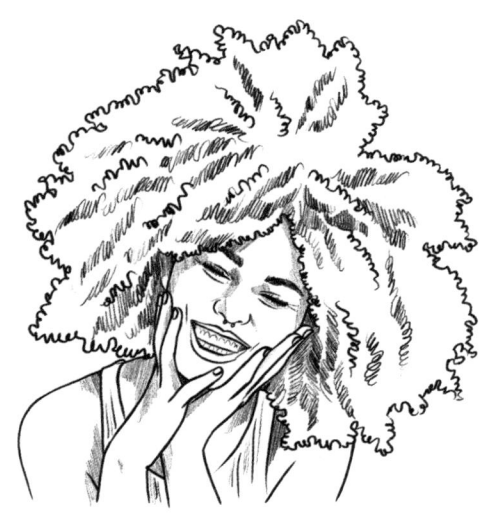

JUSTINE LECOUFFE

Librero

Índice

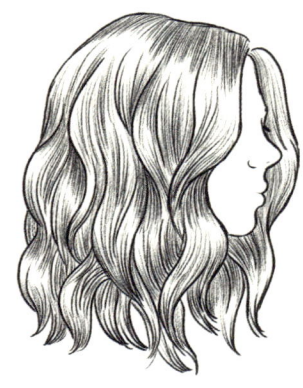

INTRODUCCIÓN.............................. 6
CÓMO USAR ESTE LIBRO............. 7

>>> Rasgos principales

Ojo: redondo..................................... 10

Ojo: almendrado.............................. 12

Ojo: monopárpado 14

Nariz: vista de frente 16

Nariz: vista lateral........................... 18

Boca: de labios carnosos................ 20

Boca: de labios finos........................ 22

Boca: sonriente................................. 24

Boca: vista de medio perfil............. 26

Oreja: básica...................................... 28

Oreja: redonda.................................. 29

Oreja: larga 30

Oreja: vista de medio perfil............ 31

Cabello: rizado.................................. 32

Cabello: engominado 33

Cabello: liso....................................... 34

Cabello: ondulado............................ 35

Cuello y hombros: redondeados ... 36

Cuello y hombros: cuadrados 37

>>> Formas de cara

Óvalo: vista de medio perfil 1 40

Óvalo: vista de medio perfil 2 42

Óvalo: vista de frente....................... 44

Rectángulo: vista de frente.............. 46

Rectángulo: vista de medio perfil 1 .. 48

Rectángulo: vista de medio perfil 2 .. 50

Redonda: vista de medio perfil 52

Cuadrado: vista de medio perfil..... 54

Cuadrado: vista de frente 1 56

Cuadrado: vista de frente 2............ 58

Rombo: vista de medio perfil 1 60

Rombo: vista de medio perfil 2 62

Rombo: vista de frente..................... 64

Corazón: vista de frente 1 66

Corazón: vista de frente 2 68

Corazón: vista de medio perfil 70

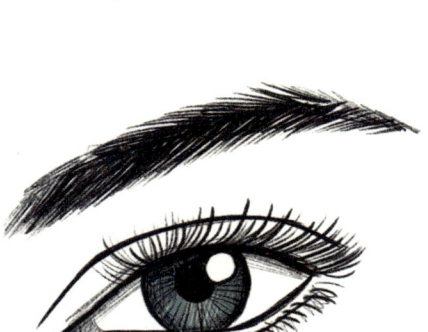

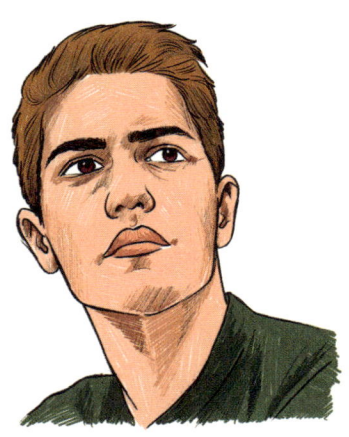

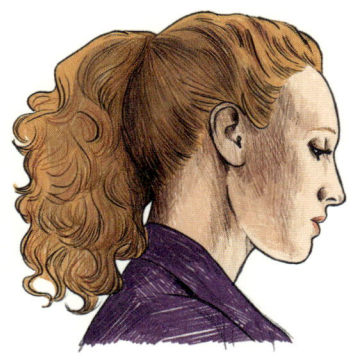

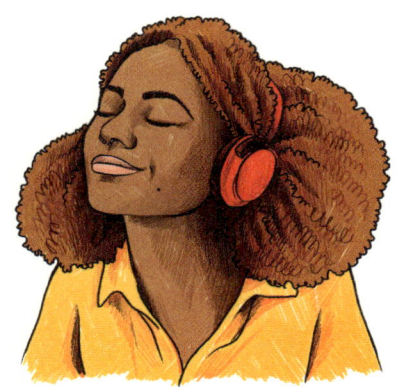

>>> Expresiones y posturas

Barbilla alzada 74

Posando 76

Mirada de soslayo 78

¡Paz y amor! 80

Sabiduría 82

Decaimiento 84

Pose reflexiva 86

Felicidad 88

El cantante 90

Peinado con personalidad 92

Riendo por lo bajo 94

Manos en el cuello 96

Mirando hacia atrás 98

Estilo angular 100

El poder de la música 102

Pensativo 104

Sonriente 106

>>> Niños y niñas

Juguetón 110

Atenta 112

Con corona de fiesta 114

Con gorro de lana 116

Bebé sonriente 118

¡Sorpresa! 120

Bebé con capota 122

Llena de curiosidad 124

Superhéroe 126

ACERCA DE LA ARTISTA **128**
AGRADECIMIENTOS **128**

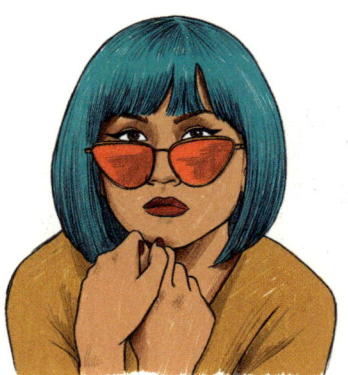

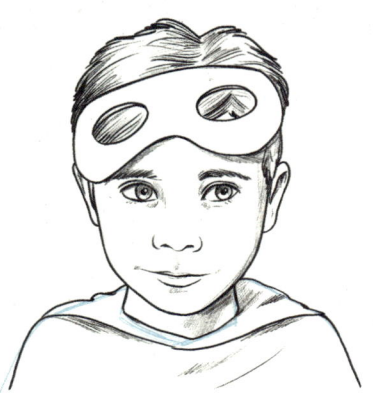

Introducción

Este libro contiene 42 ilustraciones de caras diferentes creadas en solo 10 sencillos pasos. Elija su imagen favorita, sea un bebé riendo, una joven de mirada fría y calculadora o una chica en postura reflexiva, y póngase manos a la obra.

Dibujar rostros es más fácil de lo que imagina, porque todos comparten unos rasgos faciales básicos. En las instrucciones, cada rasgo se descompone en formas sencillas, con lo que primero podrá aprender a dibujarlos bien antes de añadirlos a un retrato completo.

CÓMO ABORDAR LAS DISTINTAS FORMAS

Todos los dibujos del libro se empiezan a esbozar a partir de una o dos figuras geométricas básicas. A continuación, las instrucciones le indicarán paso a paso cómo añadir otras formas y líneas guía que le servirán para colocar los rasgos faciales y otros elementos. De este modo, se asegurará de que el retrato queda proporcionado. Si dibuja cada parte siguiendo las instrucciones, le será más fácil crear las expresiones faciales y las posturas que desea.

COLORES

Al final de cada dibujo terminado, encontrará una paleta de colores. Pero solo se trata de una guía: siéntase libre de experimentar y utilizar sus tonalidades favoritas para dar vida al pelo, al maquillaje y a la ropa.

Espero que disfrute creando las caras de este libro tanto como yo. ¡Dibujar nunca había sido tan fácil!

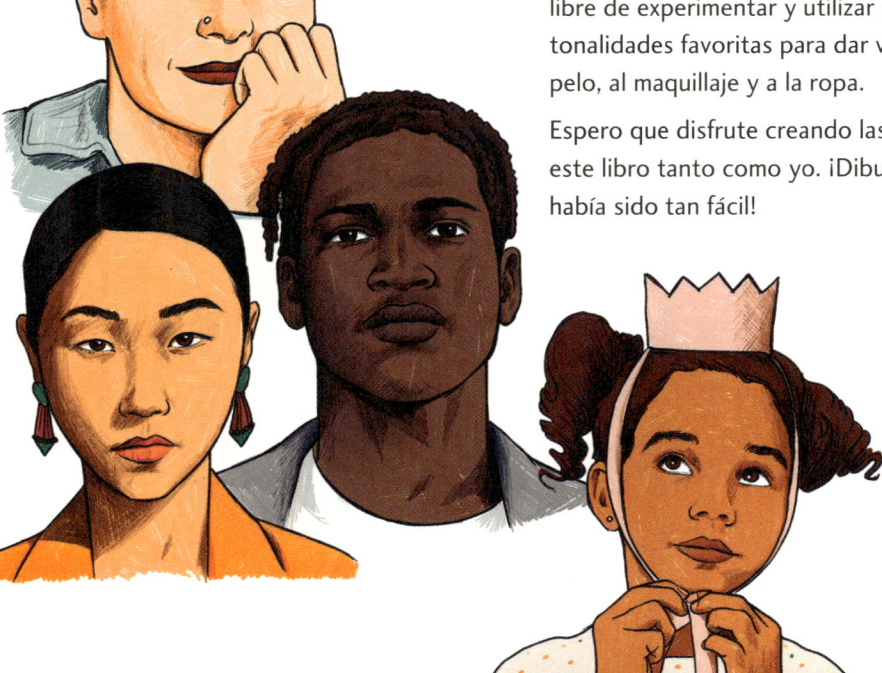

Cómo usar este libro

UTENSILIOS BÁSICOS

Papel: sirve cualquiera, pero con papel para bocetos obtendrá mejores resultados.

Lápiz, goma y sacapuntas: pruebe lápices de diferentes durezas e invierta en una goma y un sacapuntas de calidad.

Pluma: para repasar con tinta el dibujo final. Lo más recomendable es usar una pluma estilográfica de punta fina o media (la tinta es mejor que el bolígrafo, porque se seca enseguida y es menos probable que le queden borrones).

Regla pequeña: es opcional, pero puede serle útil para dibujar líneas guía.

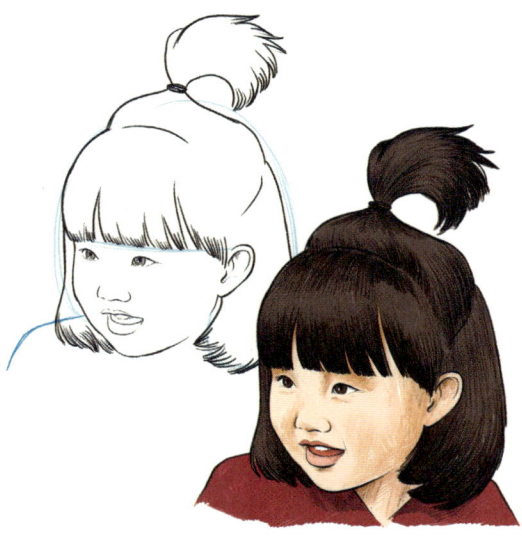

LÍNEAS AZULES, MORADAS Y NEGRAS

Azules: para las formas guía. Representan las formas básicas y las líneas estructurales de las ilustraciones.

Moradas: para las líneas guía del interior de las formas. Ayudan a colocar los ojos, la nariz y otros rasgos faciales.

Trace las formas y líneas guía en lápiz. Así podrá borrarlas cuando haya acabado.

Negras: para el dibujo final. Estas líneas formarán parte de la ilustración terminada y puede trazarlas directamente con tinta. Si no se siente seguro, hágalas primero con lápiz para poder corregirlas y luego repase las formas finales con tinta. Recuerde que la tinta debe estar seca antes de borrar el lápiz de debajo.

COLOREAR

Existen varias opciones para pintar los dibujos. ¿Por qué no experimenta con todas ellas?

Lápices de colores: es la opción más sencilla. Todo lo que necesita es un juego completo de lápices de unos 24 colores.

No se salga de la raya y tenga los lápices bien afilados para poder trabajar las áreas más pequeñas.

Para conseguir un tono más claro o más oscuro, pinte varias capas o ejerza más o menos presión con el lápiz.

Pintura y pincel: aunque la pintura acrílica y el óleo permiten cubrir posibles errores, quizá la acuarela sea la pintura más fácil de usar para principiantes. Necesitará dos o tres pinceles de diferentes medidas, al menos uno de ellos muy fino.

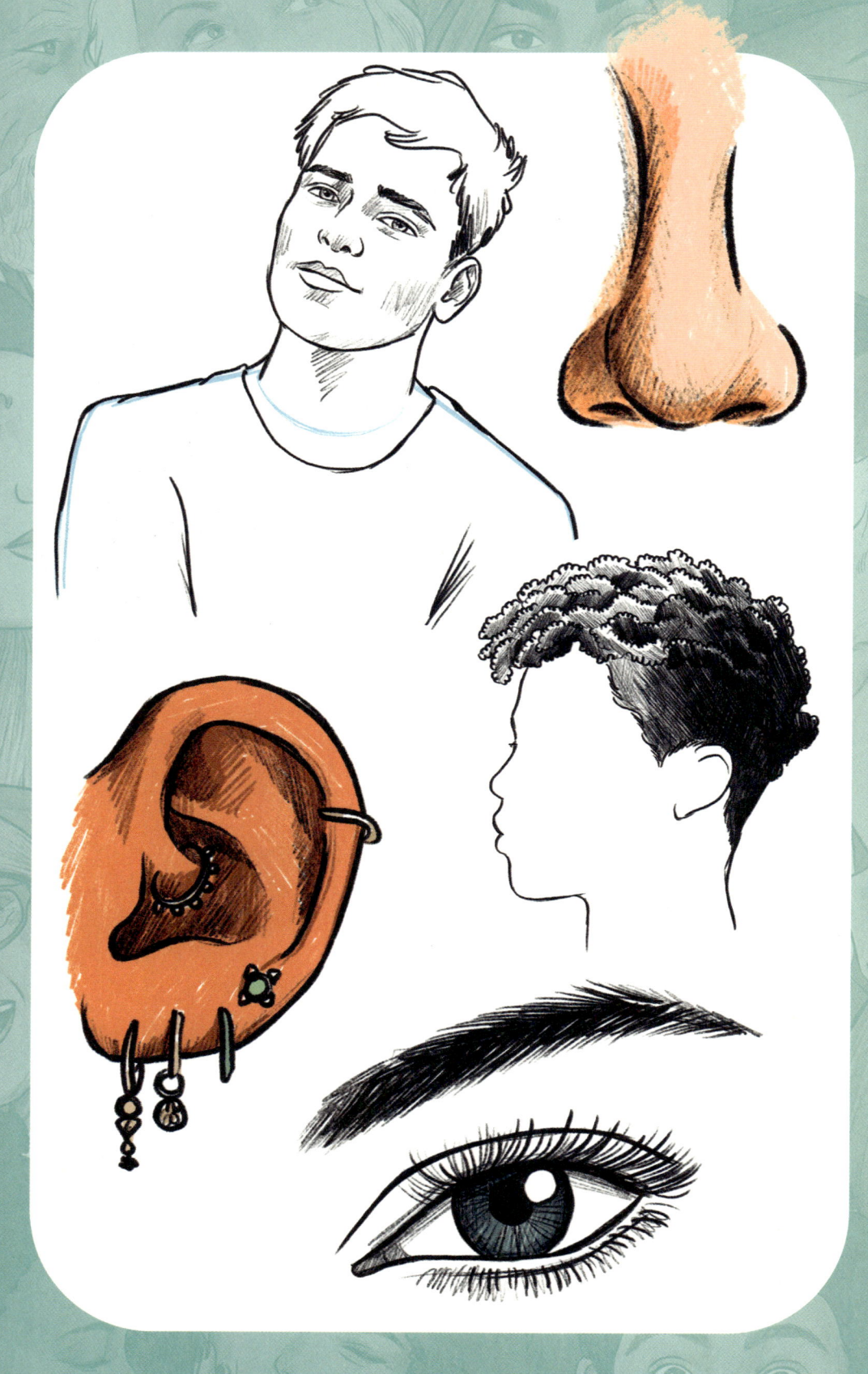

Rasgos principales

Ojo:
redondo

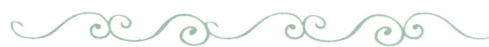

Primero, aprenda a dibujar un ojo redondo.
Cuanto más lo sombree, más redondeado parecerá.

1. Esboce el iris con un círculo. Añada una línea horizontal que lo atraviese por la parte inferior.

2. Trace un arco a cada lado de la horizontal de manera que los extremos se unan en esta línea guía. El arco superior debe superponerse al círculo del iris.

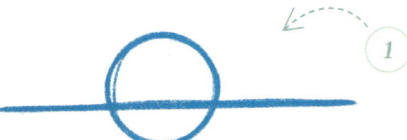

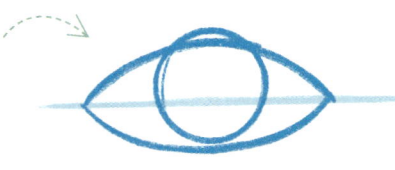

3. Con tinta, dibuje la forma del ojo guiándose por el boceto. Agregue un pequeño triángulo redondeado en un extremo para hacer el lagrimal. Borre las guías.

4. Agregue un reflejo circular y luego dibuje la pupila justo al lado. Procure que la pupila quede en el centro del círculo. Píntela con tinta negra.

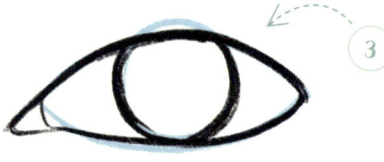

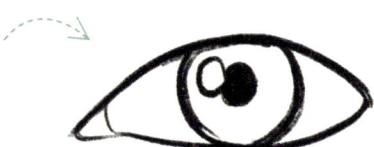

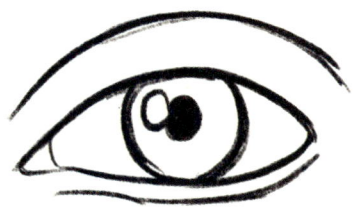

5. Para crear los pliegues de los párpados, trace una línea curva por encima del ojo y otra por debajo. Asegúrese de hacer la curva de encima bastante arriba para mantener la forma redonda del ojo.

6 Dibuje las pestañas a lo largo de los párpados, excepto en la zona del lagrimal. Para ello, relaje la mano y haga movimientos cortos y rápidos. Para que quede más realista, trace algunas pestañas más largas que otras.

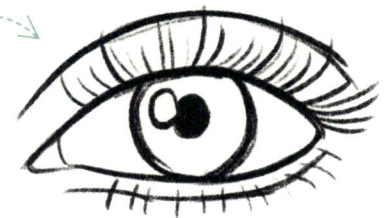

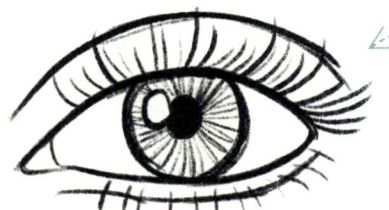

7 Dibuje líneas rectas cortas desde el centro de la pupila hasta el borde del iris.

8 Sombree el contorno del iris y también el párpado superior, tanto por encima como por debajo, para mostrar la sombra que proyecta. Añada sombras en el párpado inferior.

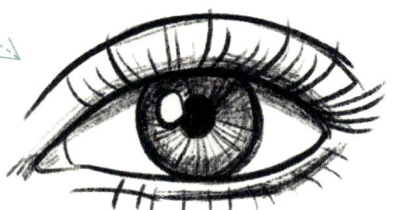

9 Sombree el pliegue del párpado superior y esboce unas arrugas por debajo del ojo. Coloree el iris. En lápiz, trace la línea guía de la ceja.

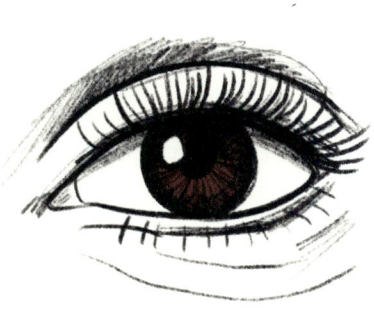

10 Dibuje la ceja siguiendo la guía haciendo una serie de trazos cortos. Cambie la dirección de los trazos tras llegar al punto más alto de la curva. Por último, sombree la zona que queda entre la ceja y el ojo para dar más profundidad a la cuenca ocular.

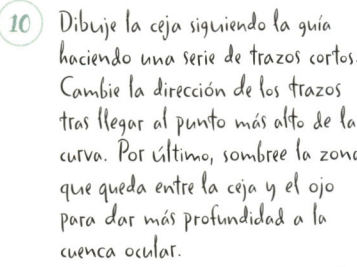

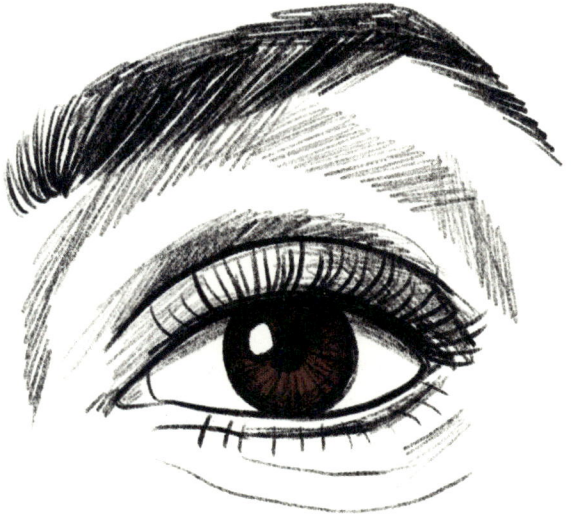

Ojo:
almendrado

Para hacer un ojo almendrado, trace curvas menos pronunciadas y esboce el lagrimal con forma de gota.

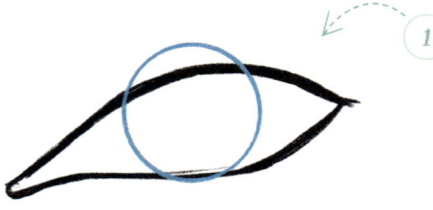

1 Esboce el iris con un círculo. Con tinta, dibuje una forma de almendra para crear los párpados. El lagrimal queda bastante abajo y las líneas que parten de él son menos curvas que las del otro extremo del ojo. El párpado superior se superpone al círculo del iris.

2 Con tinta, repase las líneas del iris que quedan dentro del ojo. Borre las líneas guía.

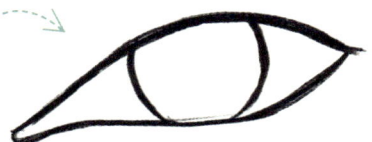

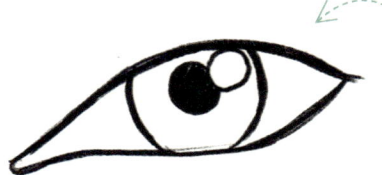

3 Agregue un reflejo circular y luego dibuje la pupila al lado, un poco más abajo. Procure que la pupila quede en el centro del iris. Píntela con tinta negra.

4 Añada el pliegue del párpado superior y del inferior.

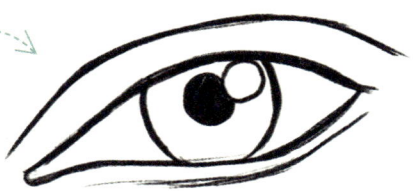

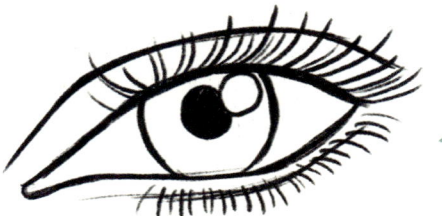

5 Dibuje las pestañas a lo largo de los párpados con trazos cortos y curvados. Para que queden realistas, varíe la longitud y el grosor de los trazos. No haga pestañas en la zona del lagrimal.

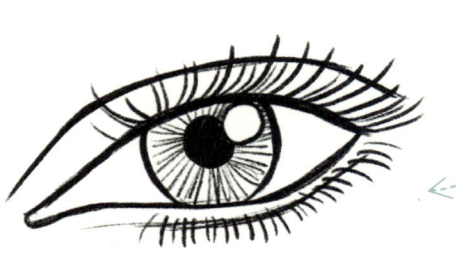

6 Dibuje líneas desde la pupila hasta el borde del iris.

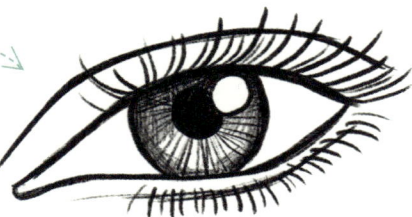

7 Sombree el contorno y la parte superior del iris. Así le dará volumen y parecerá más redondo.

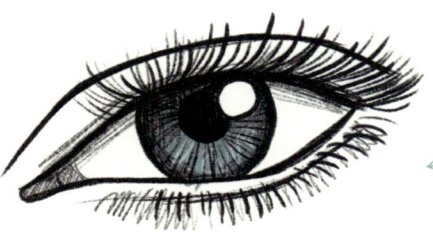

8 Añada sombras justo por debajo del párpado superior, por detrás de todas las pestañas y en el lagrimal. Coloree el iris.

9 En lápiz, esboce la línea guía de la ceja. Siguiendo la forma almendrada del ojo, trace una línea que vaya hacia arriba y que luego descienda hacia la comisura del ojo.

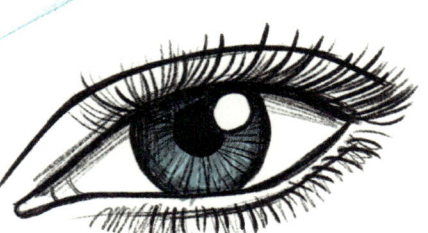

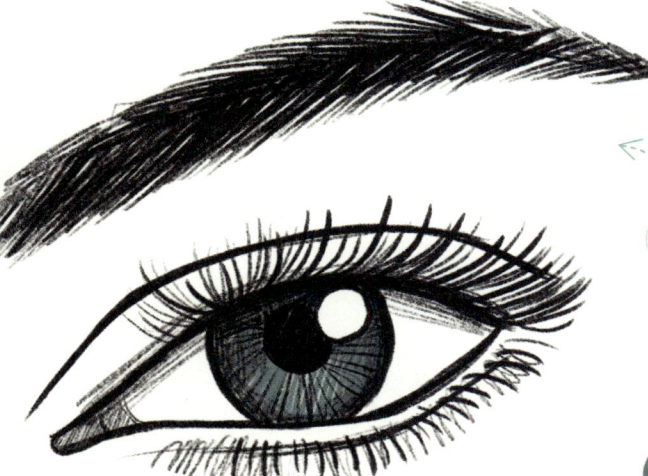

10 Dibuje la ceja siguiendo la guía haciendo una serie de trazos cortos que se dirijan a la parte exterior de la ceja.

Ojo:

monopárpado

Ahora que ya sabe dibujar un ojo redondo y uno con forma de almendra, pruebe con este de un solo párpado.

1 Esboce el iris con un círculo. Con tinta, dibuje la forma básica del ojo con dos líneas curvas. La curva superior se superpone al círculo del iris. Agregue una línea curva corta en un extremo para hacer el lagrimal.

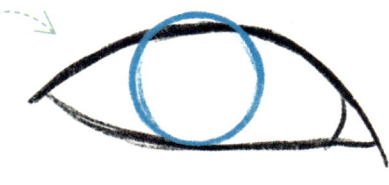

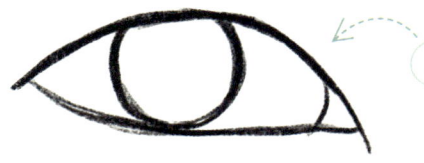

2 Con tinta, repase la línea del iris que queda dentro del ojo. Borre la línea guía.

3 Añada un reflejo circular y luego dibuje la pupila un poco más abajo. Procure que la pupila quede en el centro del iris. Píntela con tinta negra.

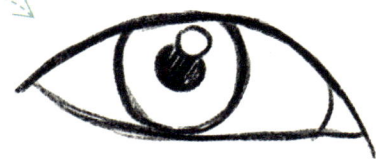

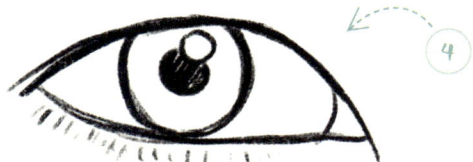

4 Haga pequeños trazos en el párpado inferior para crear las pestañas.

5 Dibuje líneas desde la pupila hasta el borde del iris.

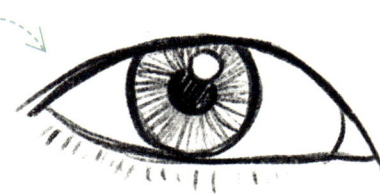

14

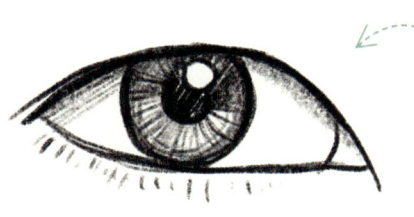

6 Sombree la parte superior del ojo, justo por debajo del párpado superior (no añada sombras por encima).

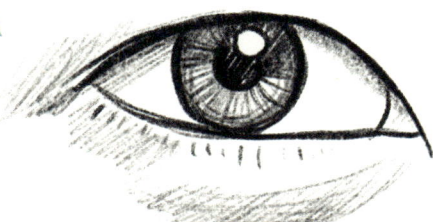

7 Sombree también la zona de debajo del párpado inferior. Cuanto más sombree el ojo, más protuberante parecerá.

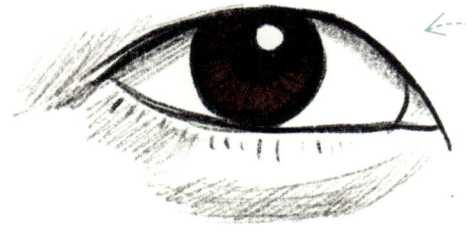

8 Coloree el iris.

9 En lápiz, trace la línea guía de la ceja por encima del ojo.

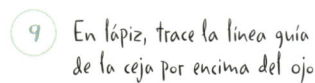

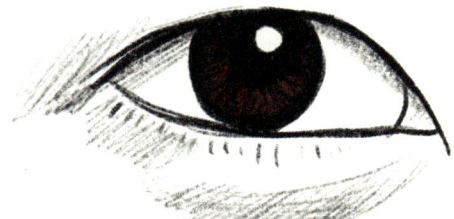

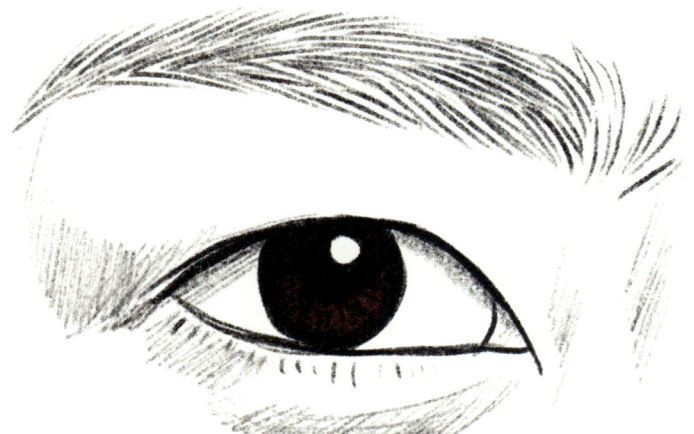

10 Dibuje la ceja siguiendo la guía haciendo una serie de trazos cortos

Nariz:
vista de frente

Empecemos con una nariz vista de frente. Como la nariz tiene pocos bordes definidos, siempre es mejor dibujarla con sombras en vez de líneas.

(1) Dibuje un círculo.

(2) Añada dos líneas verticales ligeramente curvas encima del círculo.

(3) Esboce las aletas de la nariz trazando un circulito a cada lado del primero.

(4) Empiece a repasar con tinta algunas partes del contorno. Piense bien cuáles trazará.

(5) Cree los orificios nasales con sombras. Dibuje la forma redondeada de cada lado. Borre las guías.

6 Fíjese dónde incide la luz y agregue las sombras.

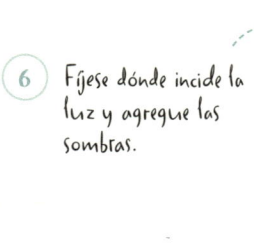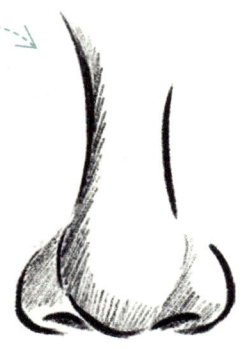

7 Haga más oscuras algunas sombras para darle volumen.

8 Pinte la nariz.

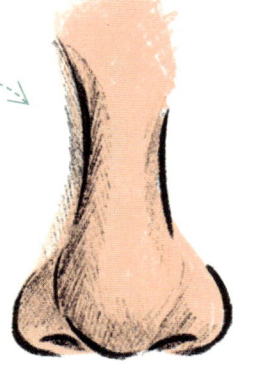

Nota:
Una nariz suele ser igual de ancha que el espacio que hay entre los ojos.

9 Retoque las sombras con tonos más oscuros.

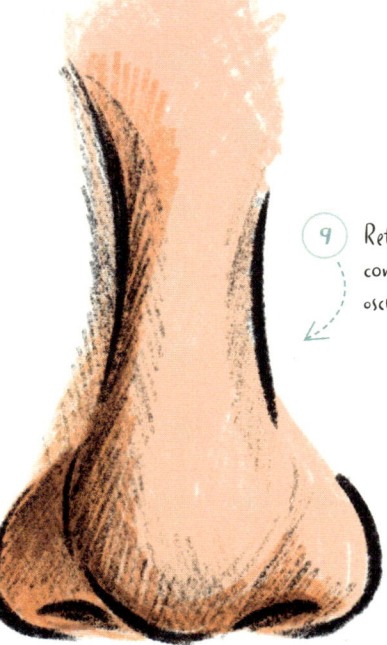

Nariz:
vista lateral

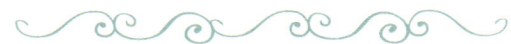

Hay narices de muchas formas y tamaños, lo que siempre se aprecia mejor cuando se observa de lado. Esta nariz es ligeramente cóncava.

1 Dibuje dos círculos, tal como se muestra. El grande será la punta de la nariz; el pequeño, la aleta visible.

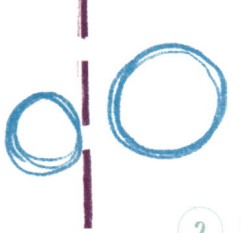

2 Esboce una línea guía vertical discontinua junto al círculo pequeño, que representará el puente de la nariz.

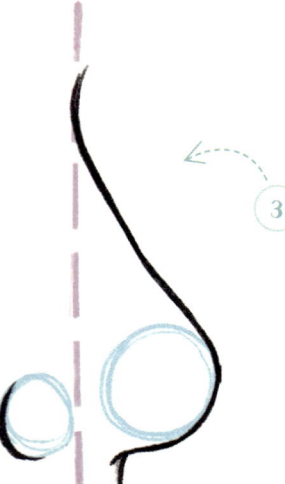

3 Con tinta, dibuje una línea curva que vaya hacia arriba y rodee el círculo grande para formar la base, la punta y el puente de la nariz. A la izquierda del círculo pequeño, trace una línea curva corta para marcar el borde de la aleta.

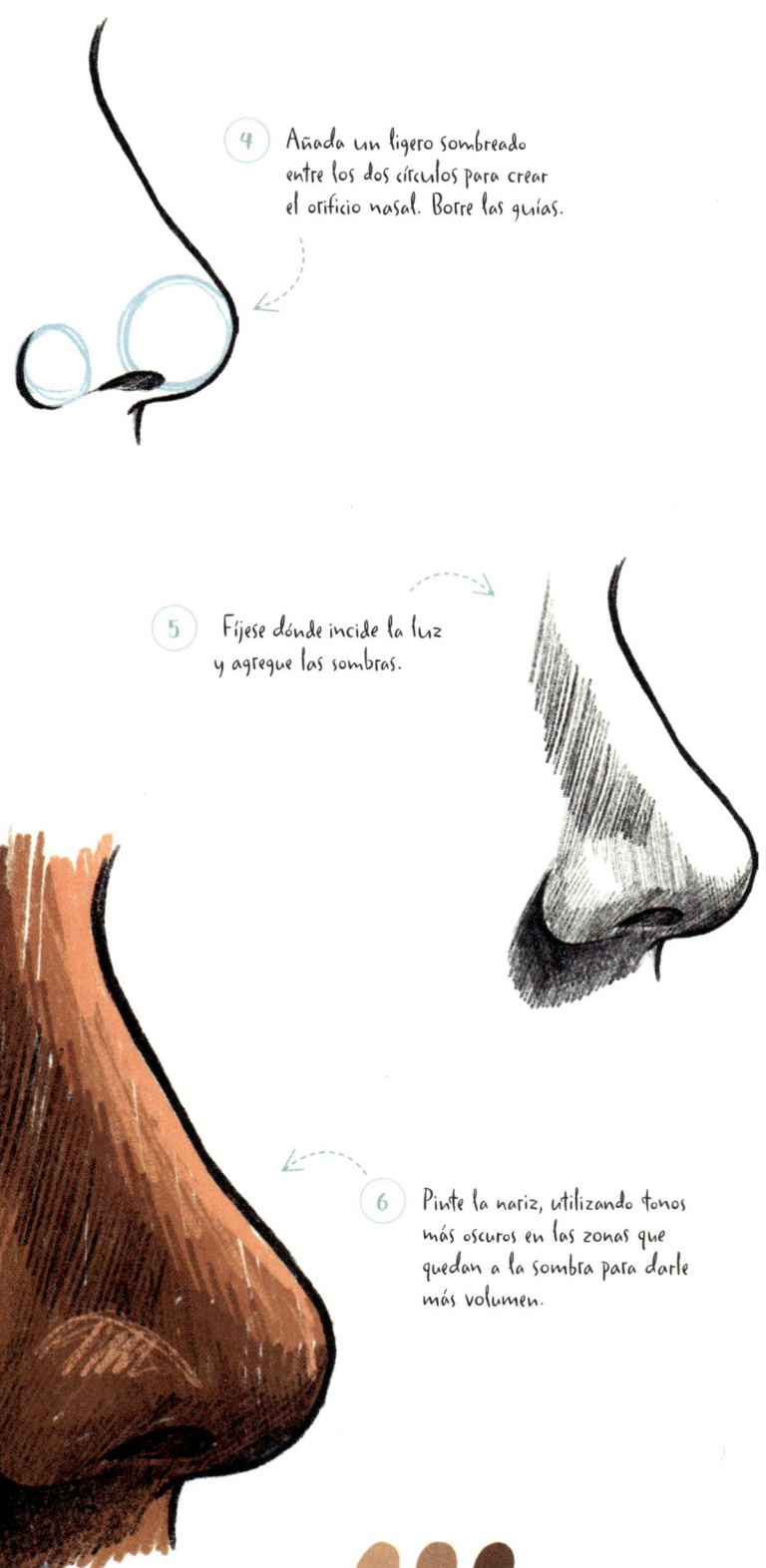

4 Añada un ligero sombreado entre los dos círculos para crear el orificio nasal. Borre las guías.

5 Fíjese dónde incide la luz y agregue las sombras.

6 Pinte la nariz, utilizando tonos más oscuros en las zonas que quedan a la sombra para darle más volumen.

Boca:

de labios carnosos

Todas las bocas son diferentes, pero, como ocurre al dibujar una nariz, la clave está en las sombras y el tono. Primero aprenda a hacer estos labios carnosos.

(1) Trace una línea horizontal. Dibuje un arco a cada lado de la horizontal de manera que los extremos se unan a los de esta línea.

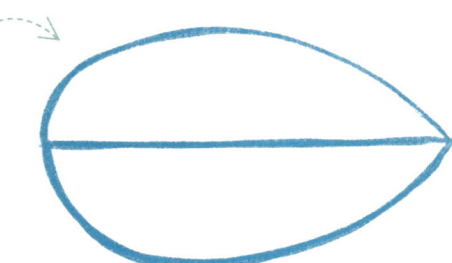

(2) Con tinta, haga una línea ligeramente ondulada por encima de la guía horizontal.

(3) dibuje el contorno del labio superior añadiendo una pequeña concavidad en el medio. Borre la línea guía superior.

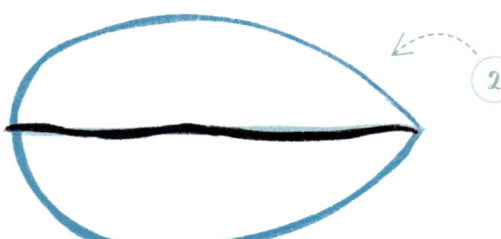

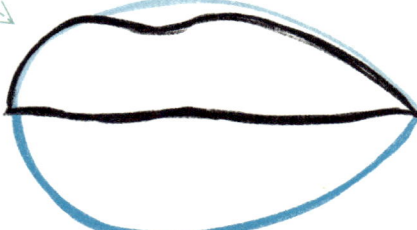

(4) Trace también el contorno del labio inferior. Normalmente, es más grueso que el superior. Borre la línea guía inferior.

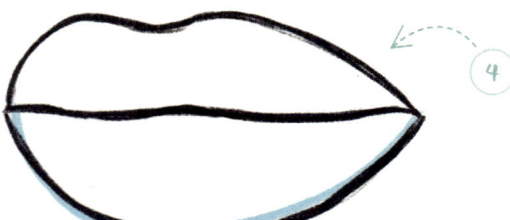

5 Los labios tienen arruguitas verticales. Añada una serie de trazos curvos a lo largo de los dos bordes del labio inferior. Haga lo mismo en el labio superior, pero solo en el borde de abajo, porque es donde son más visibles.

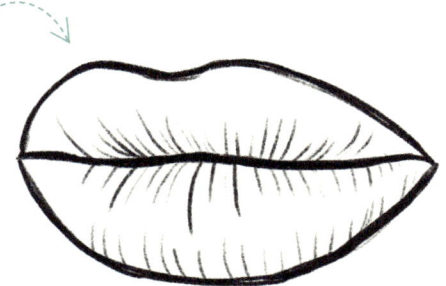

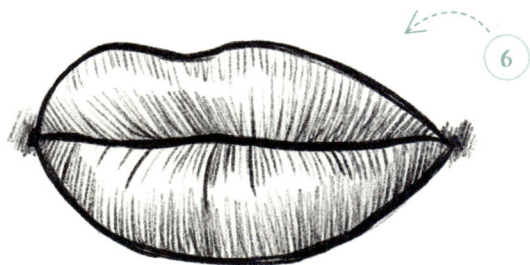

6 Sombree teniendo en cuenta dónde incide la luz. Las zonas más iluminadas son las que más sobresalen, incluidas la parte central del labio inferior y la parte superior del labio de arriba. Deje estas zonas en blanco. Sombree un poco las comisuras de la boca para integrarla en el retrato.

Nota:
Hágase con un pequeño cuaderno de dibujo para practicar el esbozo de labios de diferentes formas.

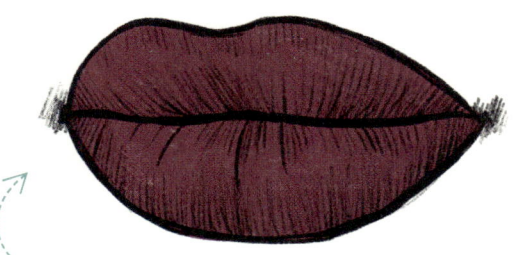

7 Pinte la boca.

8 Retoque el sombreado utilizando tonos más oscuros en las partes que quedan a la sombra.

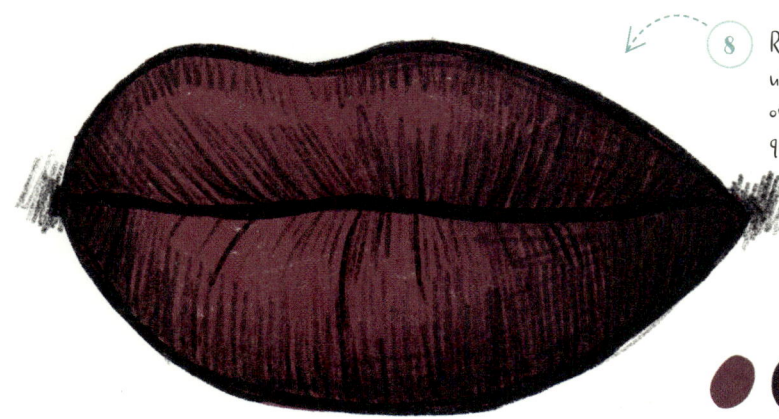

Boca:

de labios finos

Ahora que sabe dibujar unos labios carnosos, pruebe con estos más finos y alargados. Fíjese dónde incide la luz: le ayudará a colocar las sombras.

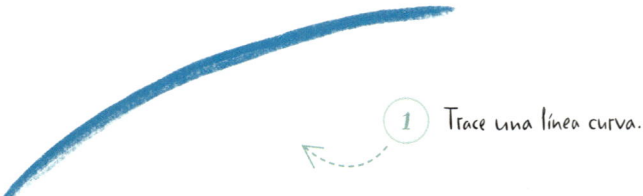

1 Trace una línea curva.

2 Añada las líneas guía de los dos labios.

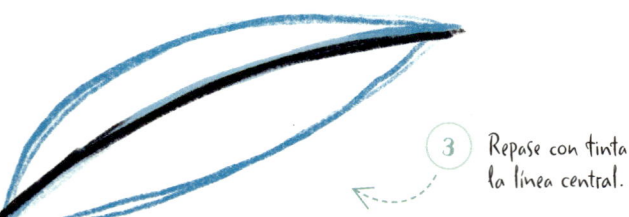

3 Repase con tinta la línea central.

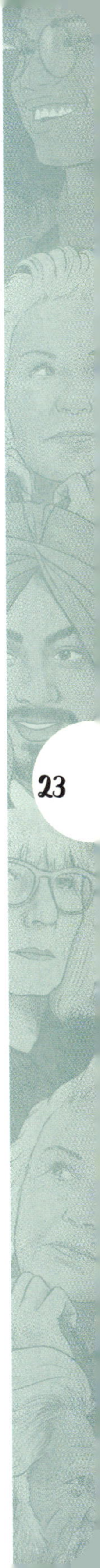

4. Con tinta, dibuje el labio superior añadiendo una ligera concavidad en el centro. Borre la guía superior.

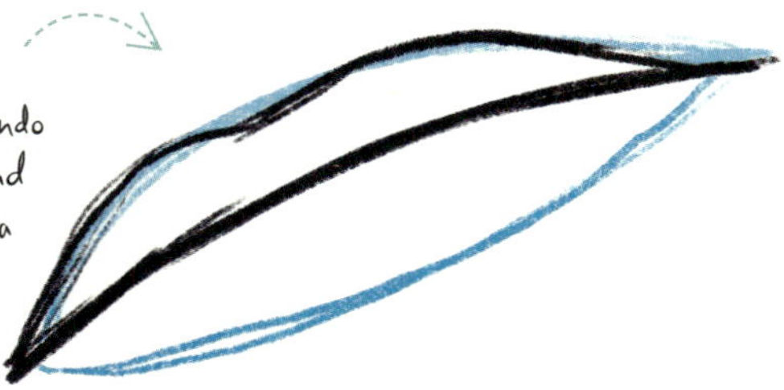

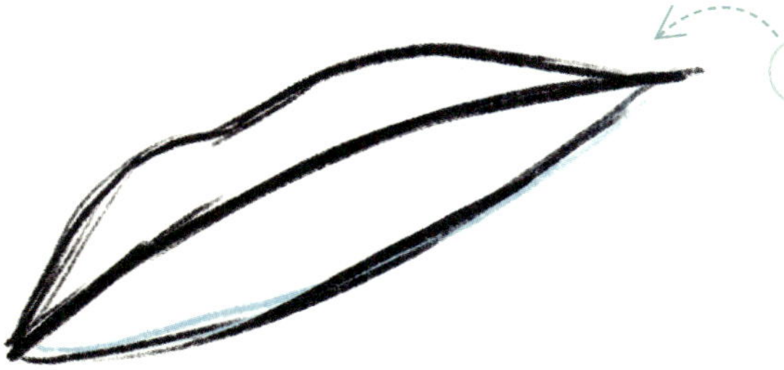

5. Dibuje el labio inferior. Borre la guía inferior.

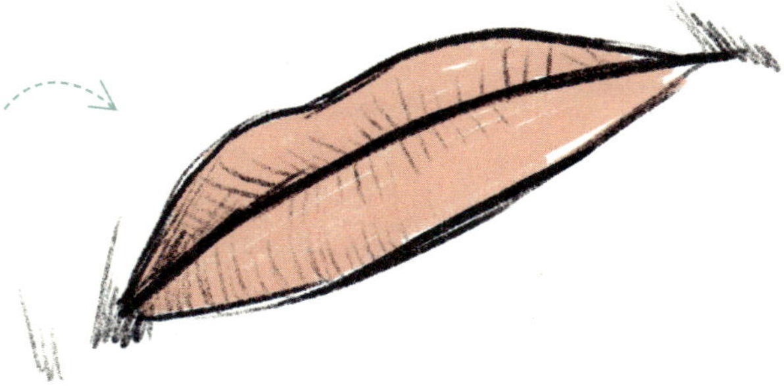

6. Pinte la boca, agregue las arruguitas con trazos cortos y sombree un poco cada comisura.

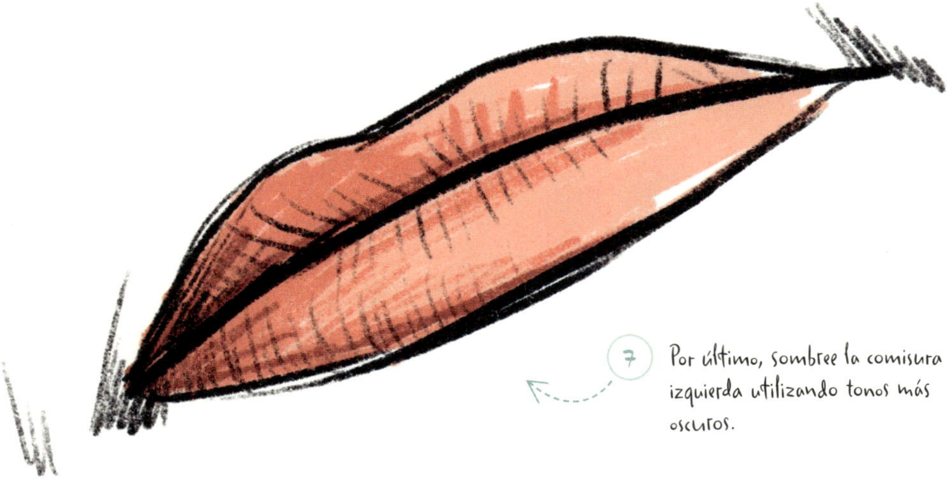

7. Por último, sombree la comisura izquierda utilizando tonos más oscuros.

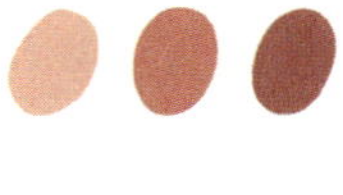

Boca:

sonriente

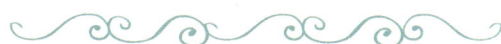

El contraste entre los tonos y las sombras crean esta resplandeciente sonrisa. Mientras la dibuja, preste especial atención a la perspectiva.

1 Esboce una línea horizontal ligeramente inclinada y luego una línea curva debajo. Esto será la abertura de la boca.

2 Con tinta, dibuje el contorno ondulado del labio superior. Borre la guía superior.

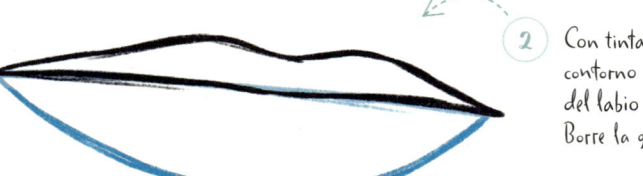

3 También con tinta, dibuje el labio inferior. Borre la guía inferior.

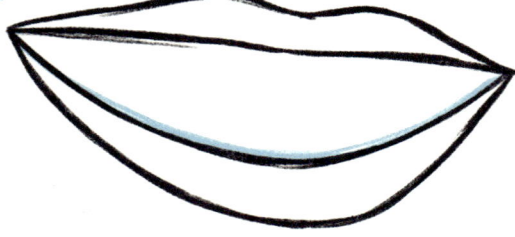

4 Dibuje las dos líneas de dientes en la abertura de la boca. Esbócelas muy ligeramente para que no resalten demasiado.

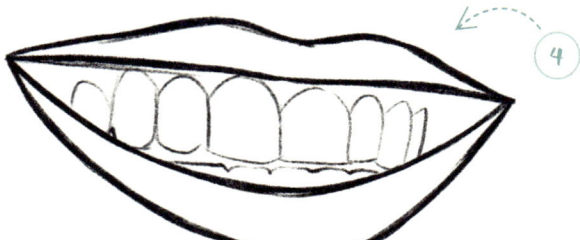

5 Con trazos cortos, añada las arruguitas de los dos labios. Después, sombree las encías y el espacio de entre los dientes.

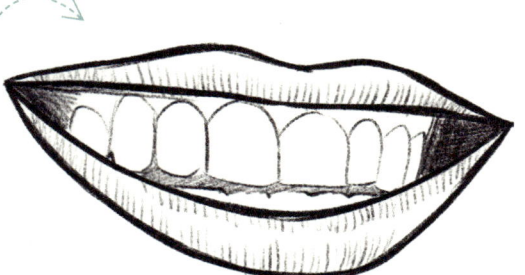

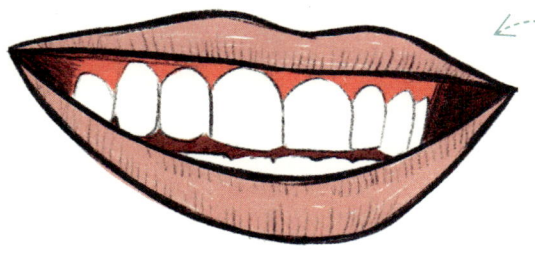

6 Pinte los labios y las encías.

Nota:
Para pasar fácilmente de un tono oscuro a uno claro, haga una gradación. Para ello, pinte ejerciendo cada vez menos presión con el lápiz.

7 Fíjese dónde incide la luz y coloree las zonas que quedan a la sombra con tonos más oscuros. Pinte el interior de la boca de un tono más oscuro, dejando los dientes en blanco.

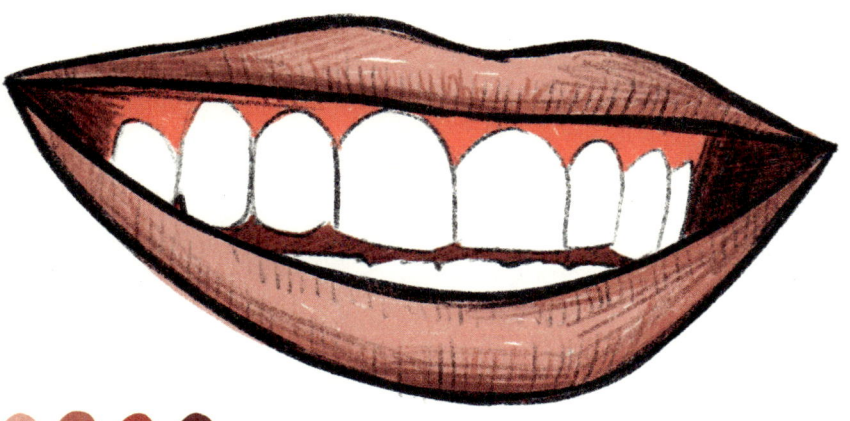

Boca:
vista de medio perfil

Con unas pocas líneas curvas y unas sombras bien puestas, esta boca vista de medio perfil resulta muy fácil de dibujar.

1. Esboce un triángulo. Atraviéselo con una línea horizontal para dividirlo en dos triángulos.

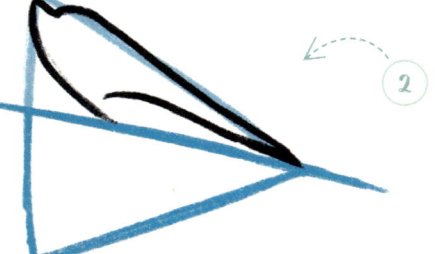

2. Con tinta, dibuje el labio superior con una línea curva, tal como se muestra. La línea sigue más o menos el contorno del triángulo superior. Borre las guías del triángulo superior.

3. Dibuje del mismo modo el labio inferior, tal como se muestra. El espacio que queda entre los dos labios serán los dientes. Borre las guías restantes.

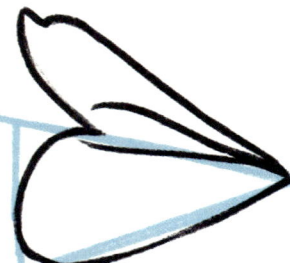

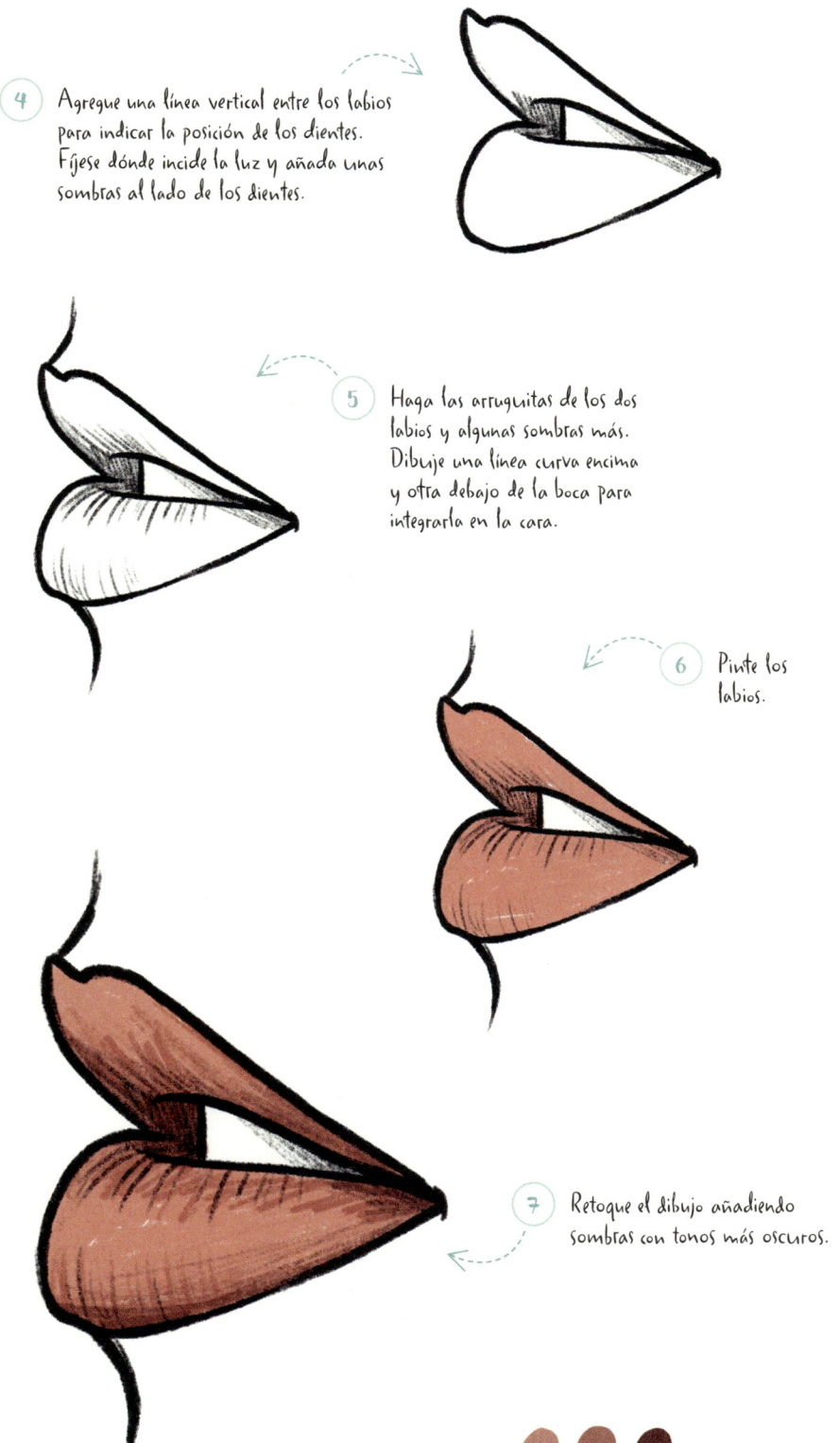

4 Agregue una línea vertical entre los labios para indicar la posición de los dientes. Fíjese dónde incide la luz y añada unas sombras al lado de los dientes.

5 Haga las arruguitas de los dos labios y algunas sombras más. Dibuje una línea curva encima y otra debajo de la boca para integrarla en la cara.

6 Pinte los labios.

7 Retoque el dibujo añadiendo sombras con tonos más oscuros.

Oreja:
básica

Comience con esta oreja básica, que se hace a partir de una sencilla forma ovoide, unas líneas curvas y unas sombras.

1 Esboce un forma ovoide.

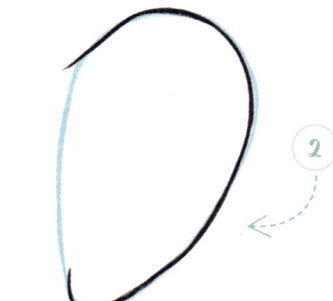

2 Siguiendo el contorno derecho de esta guía, dibuje el borde de la oreja con tinta.

3 Borre la forma guía. Con tinta, añada líneas curvas dentro de la oreja para reproducir los pliegues y protuberancias de la oreja, tal como se muestra.

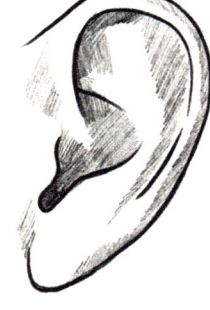

4 Fíjese dónde incide la luz y agregue las sombras. Sombree las zonas más profundas con los tonos más oscuros.

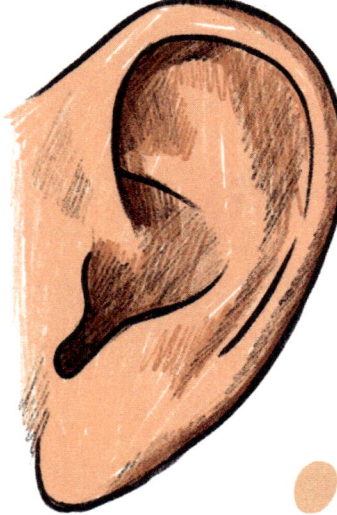

5 Pinte la oreja añadiéndole más sombras con tonos más oscuros.

Oreja:

redonda

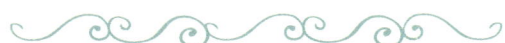

Las orejas más redondeadas y con lóbulos carnosos son ideales para
añadirles piercings. Dibuje los tipos de pendientes que más le gusten.

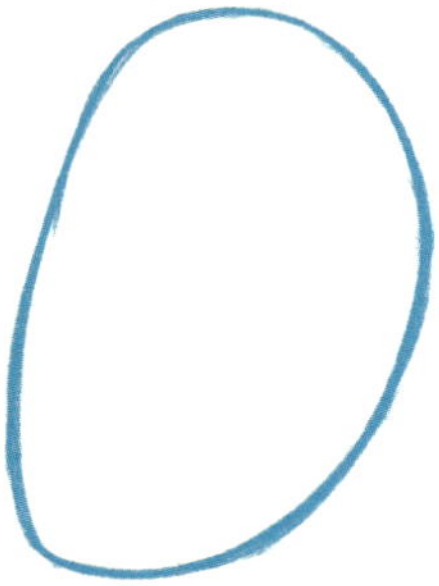

1 Esboce un óvalo
irregular.

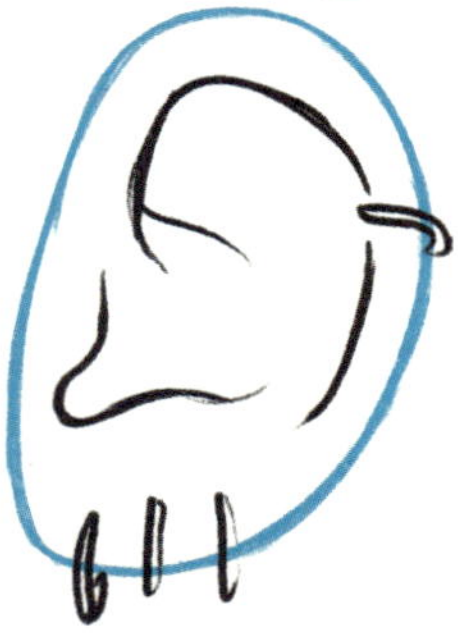

2 Con tinta, dibuje el
interior de la oreja.
Añada varios
pendientes en el
borde exterior.

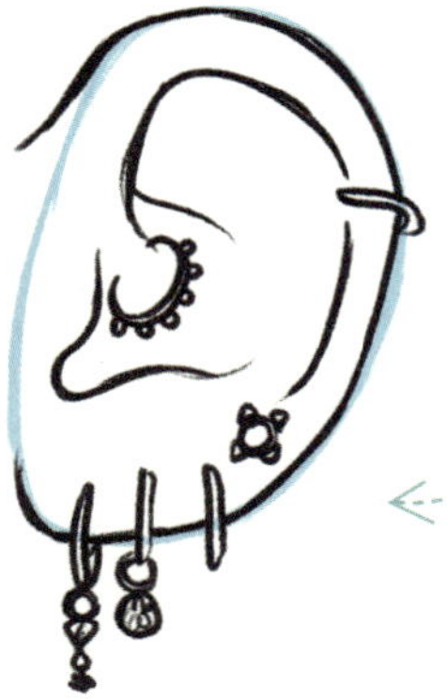

3 Trace el contorno exterior
de la oreja, tal como se
muestra. Dibuje los detalles
que desee en las joyas.

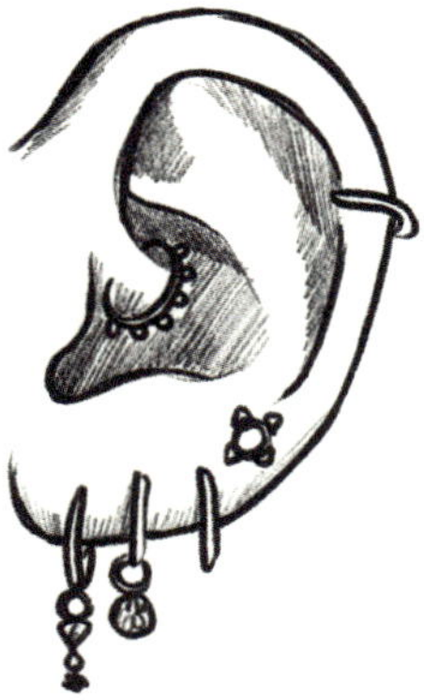

4 Piense dónde incide la luz y
agregue las sombras. Sombree
las zonas más profundas con
los tonos más oscuros.

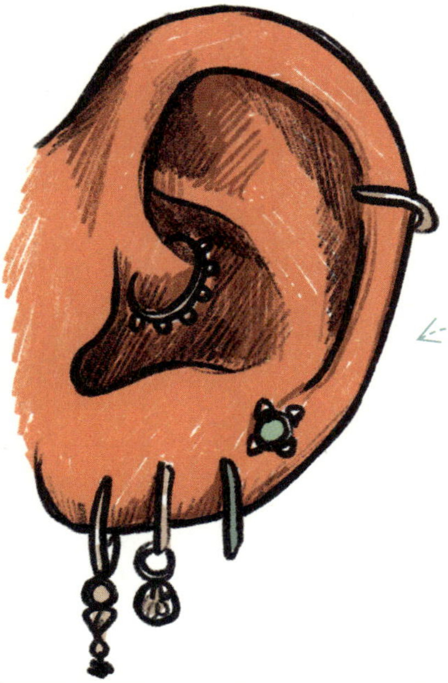

5 Pinte la oreja añadiendo más
sombras con tonos más oscuros.

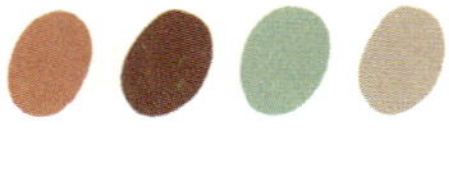

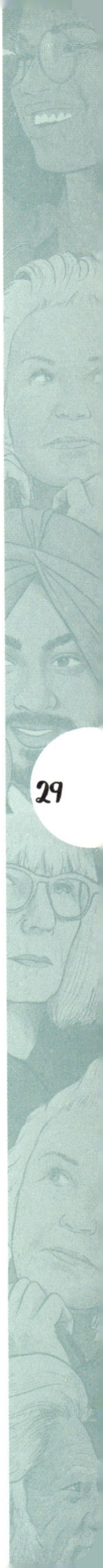

Oreja:
larga

Las orejas largas quedan bien con un sencillo toque de color plano en forma de pendiente.

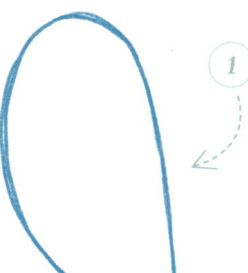

1 Esboce una forma ovoide algo inclinada.

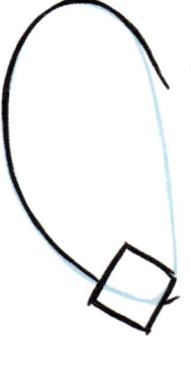

2 Siguiendo el contorno izquierdo de esta guía, dibuje el borde de la oreja con tinta. Trace un cuadrado en la parte inferior, que será el pendiente.

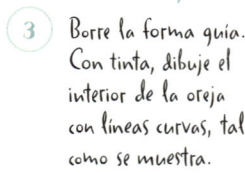

3 Borre la forma guía. Con tinta, dibuje el interior de la oreja con líneas curvas, tal como se muestra.

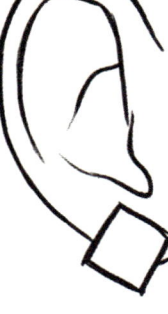

4 Fíjese dónde incide la luz y agregue las sombras. Sombree las zonas más profundas con los tonos más oscuros y deje más claras las zonas que sobresalen.

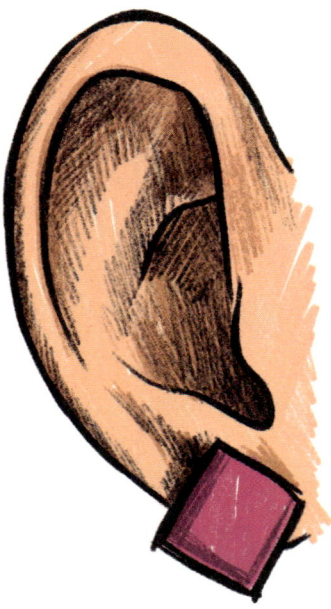

5 Coloree la oreja utilizando tonos más oscuros en las zonas que quedan a la sombra. Pinte el pendiente de un color vivo.

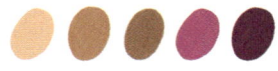

Oreja:
vista de medio perfil

Esta vista es la más habitual cuando se dibujan personas.
La perspectiva es muy importante cuando se dibuja desde este ángulo.

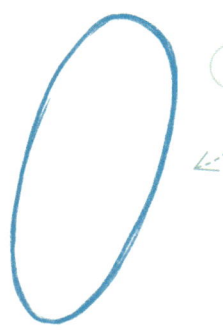

1 Esboce un óvalo alargado.

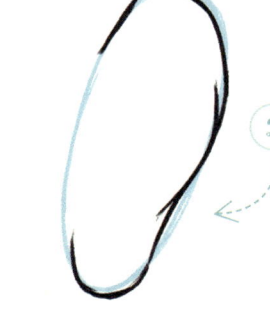

2 Siguiendo el contorno derecho del óvalo, dibuje el borde de la oreja con tinta. Añada una línea curva, tal como se muestra.

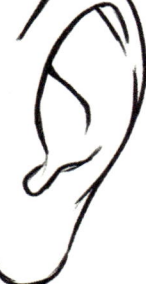

3 Borre la forma guía. Con tinta, dibuje el interior de la oreja con líneas curvas.

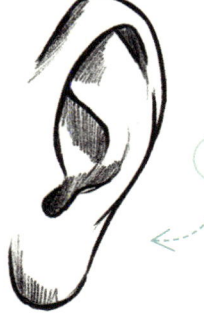

4 Fíjese dónde incide la luz y agregue las sombras. Sombree las zonas más profundas con los tonos más oscuros y deje más claras las zonas que sobresalen.

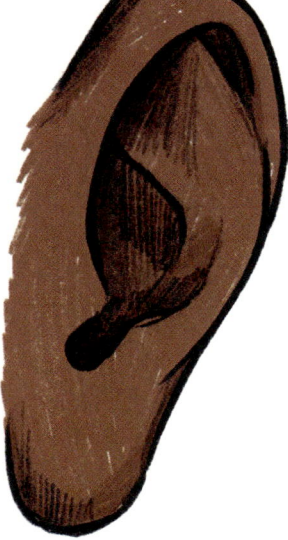

5 Coloree la oreja utilizando tonos más oscuros en las zonas que quedan a la sombra para darle más volumen.

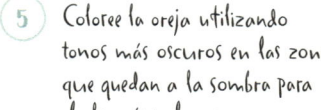

Cabello:
rizado

Los mechones sueltos de rizos pequeños, que contrastan con el pelo corto de debajo, dan volumen a este cabello.

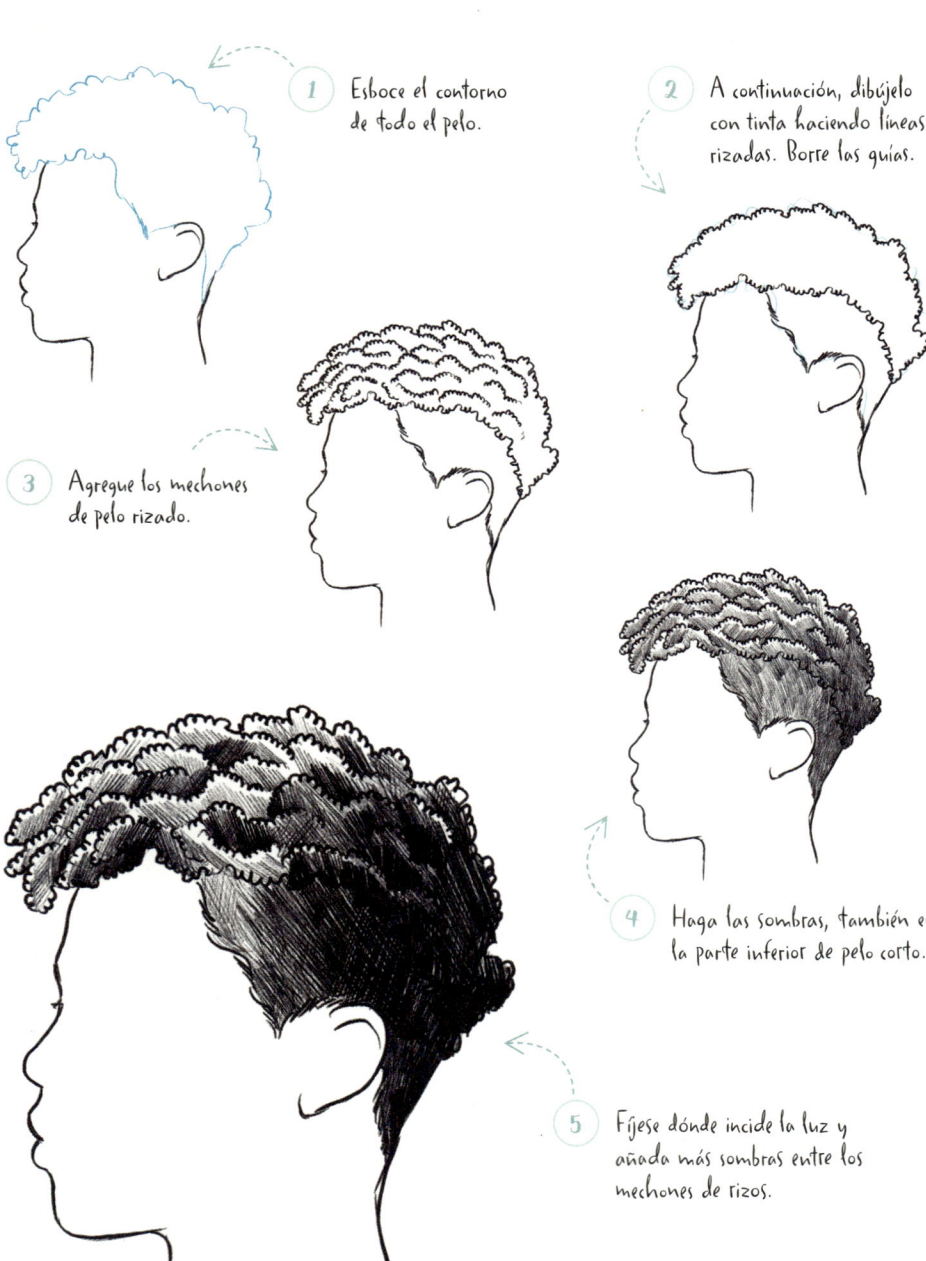

1. Esboce el contorno de todo el pelo.

2. A continuación, dibújelo con tinta haciendo líneas rizadas. Borre las guías.

3. Agregue los mechones de pelo rizado.

4. Haga las sombras, también en la parte inferior de pelo corto.

5. Fíjese dónde incide la luz y añada más sombras entre los mechones de rizos.

Cabello:

engominado

Dibujar este peinado requiere todo tipo de trazos: cortos, largos, rectos y ondulados. Preste atención a la dirección de crecimiento del pelo.

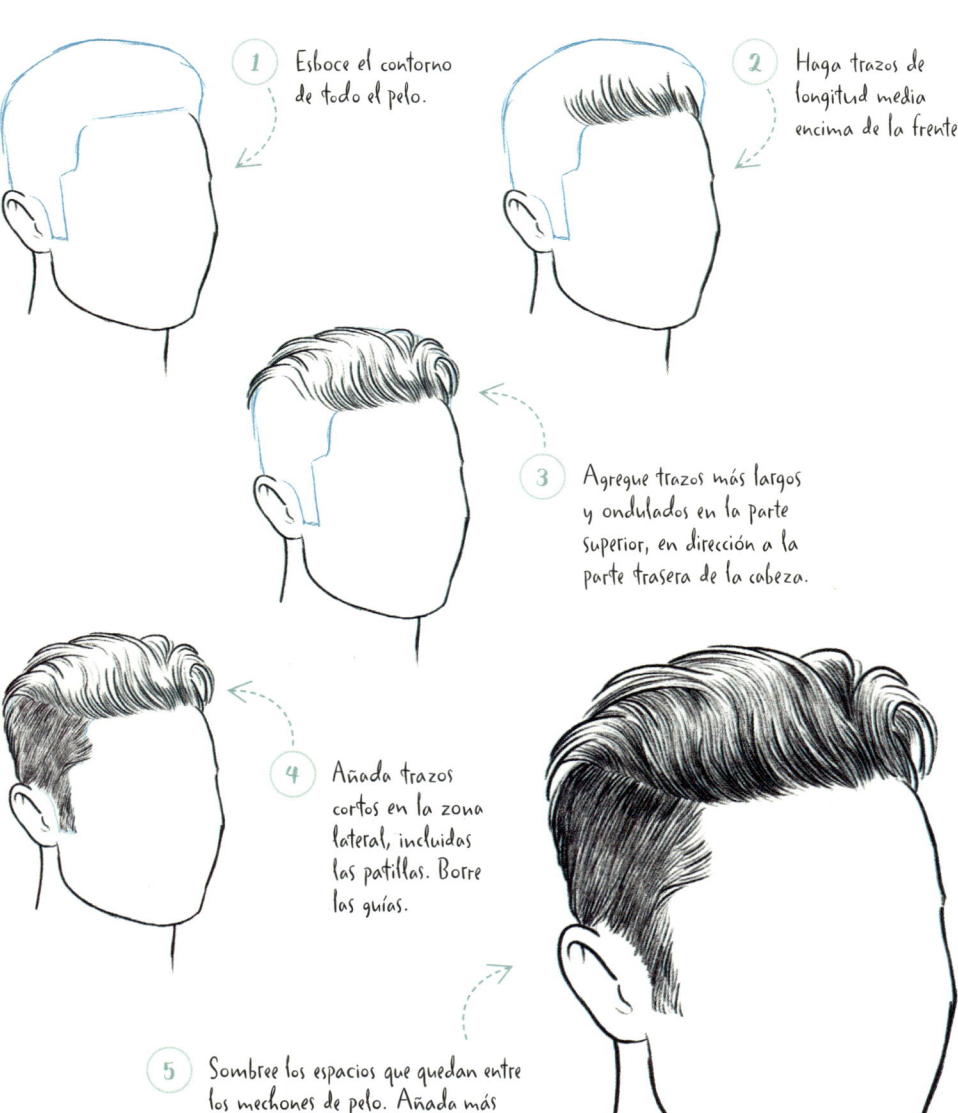

1. Esboce el contorno de todo el pelo.

2. Haga trazos de longitud media encima de la frente.

3. Agregue trazos más largos y ondulados en la parte superior, en dirección a la parte trasera de la cabeza.

4. Añada trazos cortos en la zona lateral, incluidas las patillas. Borre las guías.

5. Sombree los espacios que quedan entre los mechones de pelo. Añada más sombras en la zona lateral de la cabeza, donde el pelo es más corto.

Cabello:
liso

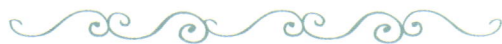

Una melena lisa es fácil de dibujar, pero, para que tenga una apariencia más natural, procure no hacer las líneas demasiado rectas.

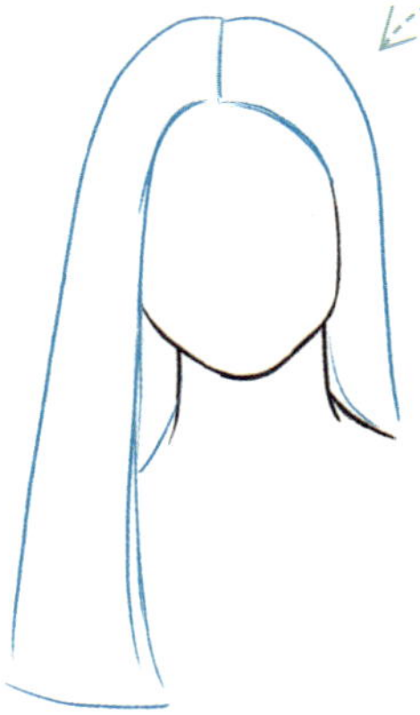

1 Esboce el contorno de la melena.

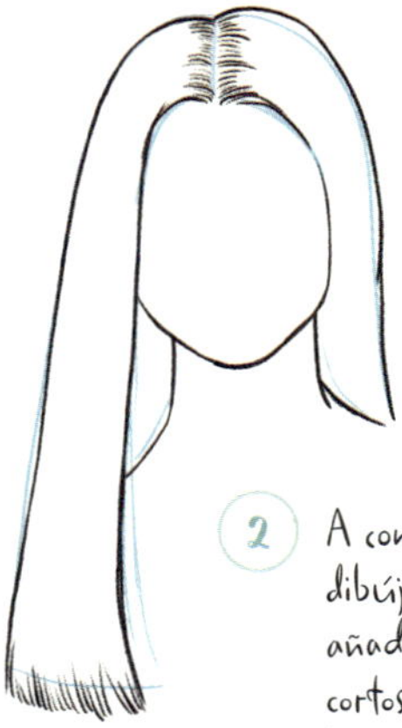

2 A continuación, dibújelo con tinta y añada varios trazos cortos a los lados de la raya del medio y en las puntas.

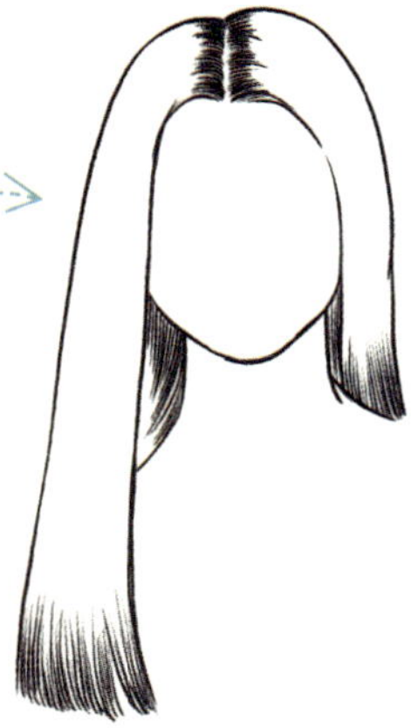

3 Borre las guías y haga mas trazos cortos junto a la raya del medio, en las puntas y en la zona que queda alrededor del cuello.

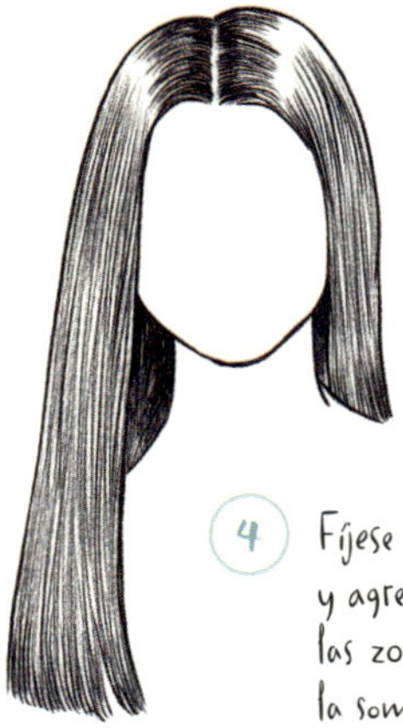

4 Fíjese dónde incide la luz y agregue trazos largos en las zonas que quedan a la sombra. Para darle una apariencia natural, procure no hacerlas totalmente rectas.

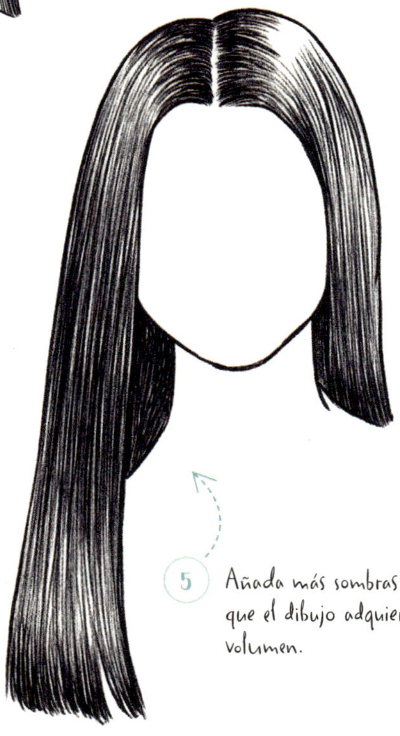

5 Añada más sombras para que el dibujo adquiera más volumen.

34

Cabello:
ondulado

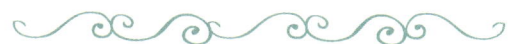

Los mechones largos y finos que hay entre las ondas más gruesas crean un peinado lleno de volumen.

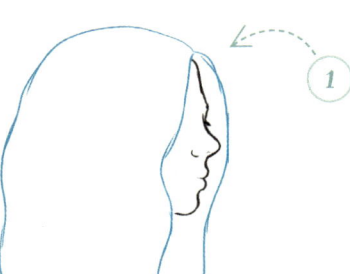

1 Esboce el contorno de la melena.

2 Con tinta, dibuje la parte que rodea la cara con líneas onduladas.

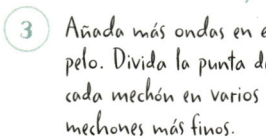

3 Añada más ondas en el pelo. Divida la punta de cada mechón en varios mechones más finos.

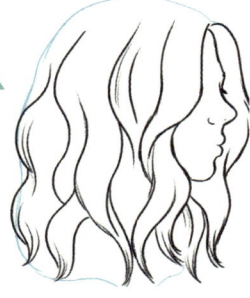

4 Agregue ondas más cortas entre los mechones más gruesos y luego dibuje la parte superior de pelo. Borre las guías.

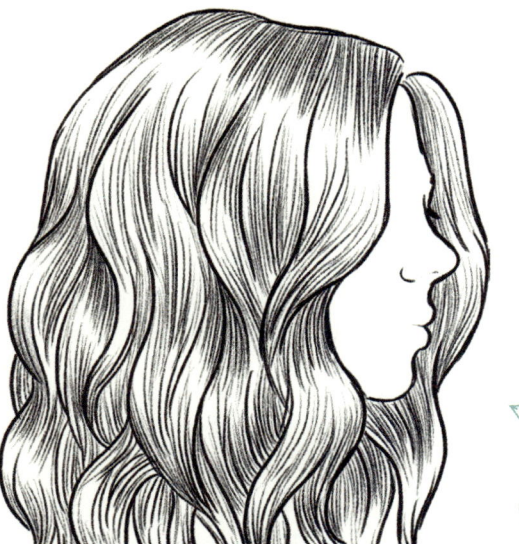

5 Fíjese dónde incide la luz y agregue las sombras entre los mechones ondulados.

Cuello y hombros:
redondeados

Los hombros son fáciles de dibujar si comienza esbozando la forma general. Primero aprenda a hacer estos hombros redondeados.

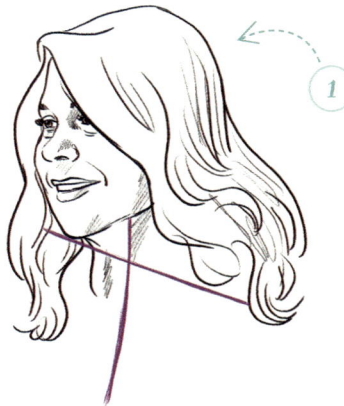

1 Observe la postura del sujeto y cómo su cuello queda alineado con el torso. Trace una cruz para indicar el ángulo de los hombros en relación con el cuello.

2 Tomando la cruz como referencia, esboce la forma de los hombros.

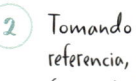

3 Con tinta, repase las líneas guía con trazos sueltos, añadiendo detalles en la línea del cuello y los botones.

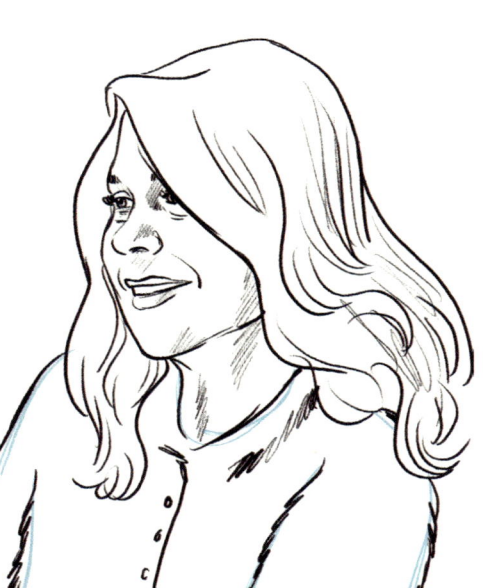

Cuello y hombros:
cuadrados

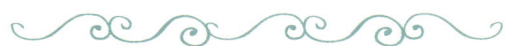

Sobre unos hombros cuadrados, la cabeza y el cuello se alzan
con un aire más orgulloso.

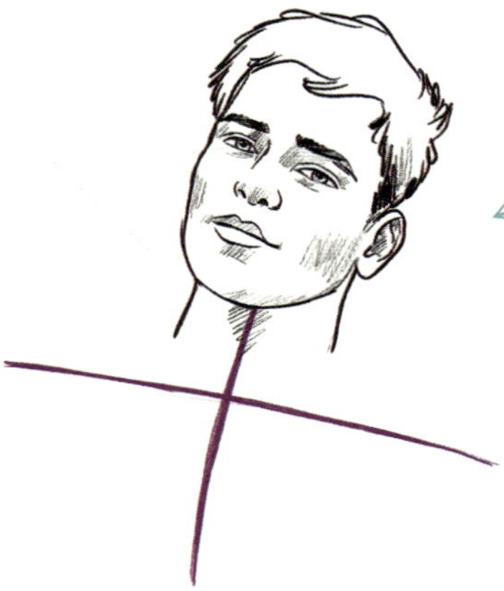

1 Trace una cruz para indicar la posición
de los hombros. En esta postura, la
barbilla está alzada y la cabeza un
poco hacia atrás, con lo que la cruz
tiene ángulos más rectos.

2 Tomando la cruz como
referencia, esboce la
forma de los hombros.

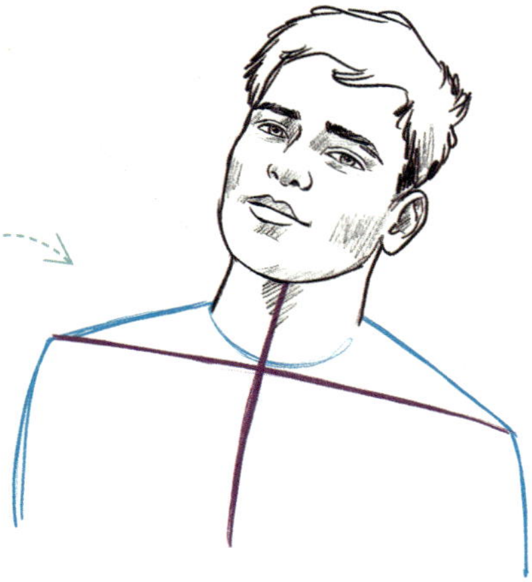

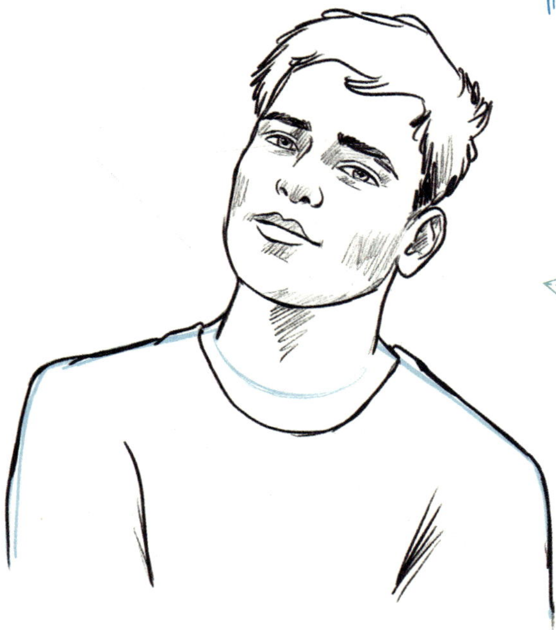

3 Con tinta, repase las guías
y añada las líneas de la
parte interior de los brazos.

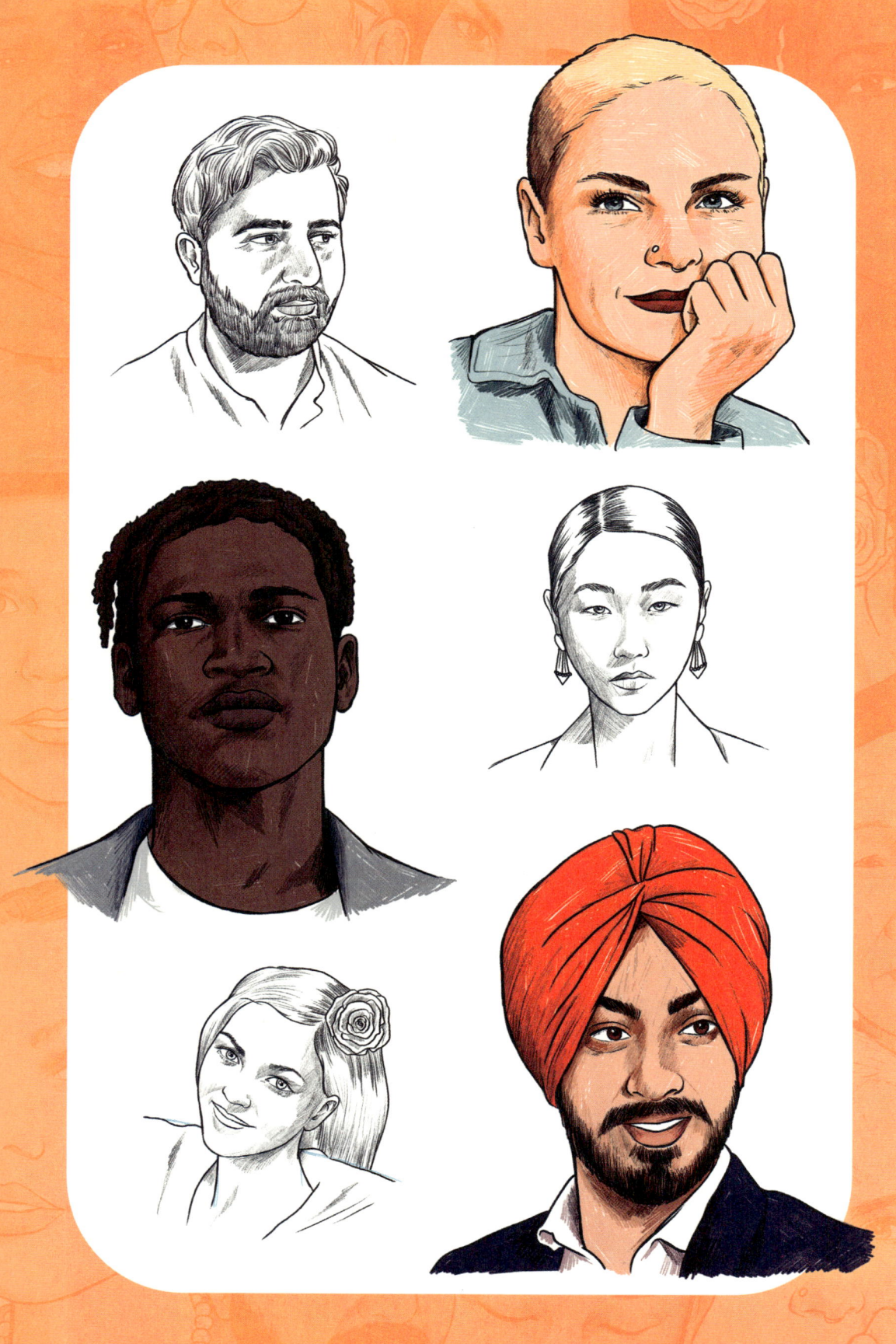

Formas de cara

Óvalo:
vista de medio perfil 1

Empecemos por la forma de rostro más sencilla de dibujar: el óvalo.
La típica cara ovalada tiene las mandíbulas y la barbilla redondeadas.

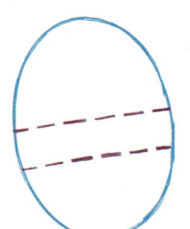

1 Trace un óvalo. Agregue dos líneas horizontales discontinuas que lo atraviesen por el centro.

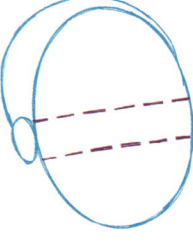

2 Esboce un óvalo más pequeño en el lado izquierdo, entre las líneas discontinuas, para situar la oreja. Dibuje un arco encima de la cabeza, que será la línea guía para el cabello.

3 Esboce las formas de la mano, el cuello y los hombros.

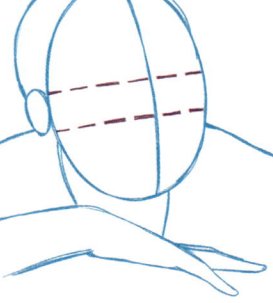

4 Con tinta, dibuje los ojos y las cejas sobre la guía discontinua superior.

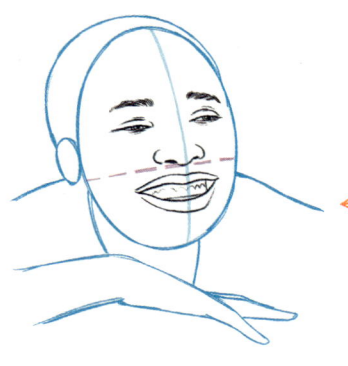

5 A continuación, tomando las líneas guía como referencia, haga la boca y la nariz.

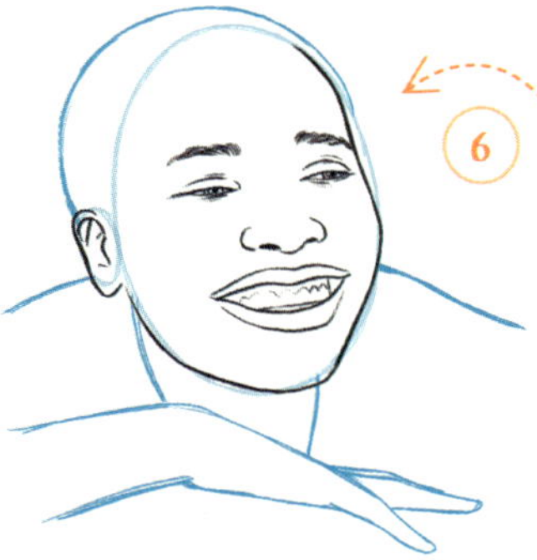

6 Dibuje el contorno de la cara y la oreja.

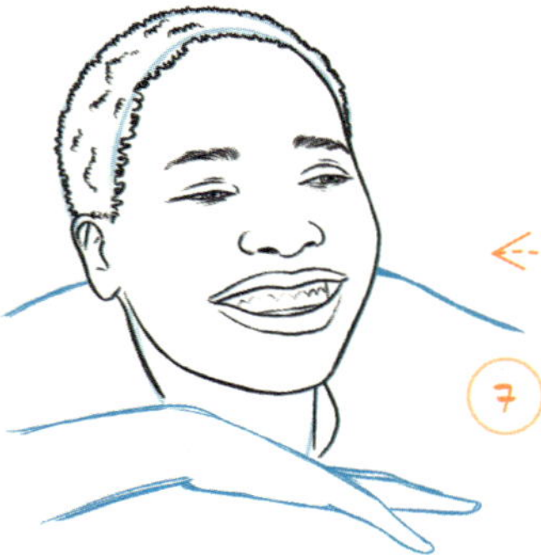

7 A lo largo de las guías de la parte superior de la cabeza, añada ricitos con líneas onduladas.

Nota:
Los ojos y la base de la nariz deben quedar alineados, respectivamente, con la parte superior e inferior de la oreja. Así la cara quedará más natural.

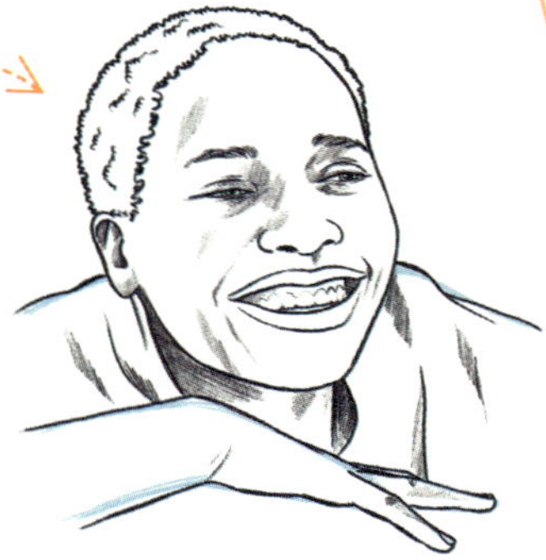

8 Dibuje los hombros y las manos con tinta y borre las guías. Fíjese dónde incide la luz y agregue las sombras.

9 Empiece a pintar el dibujo.

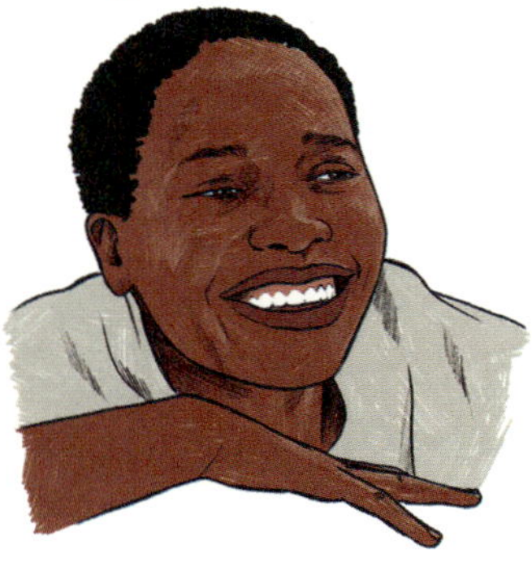

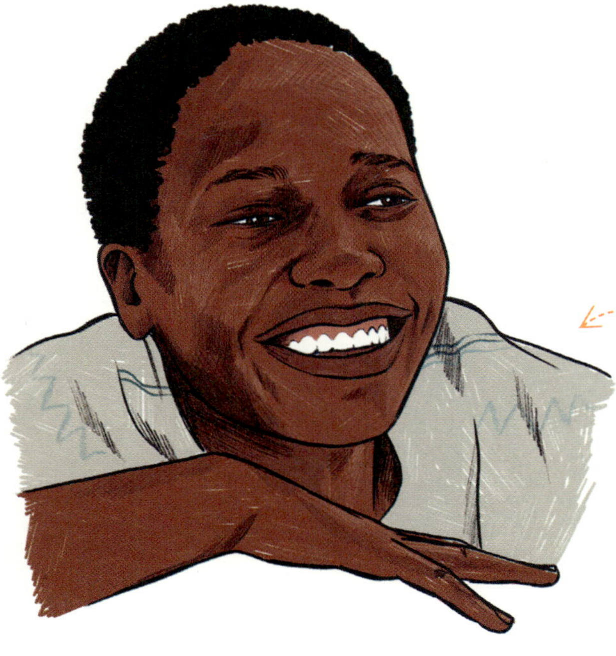

10 Por último, añada más sombras con tonos más oscuros.

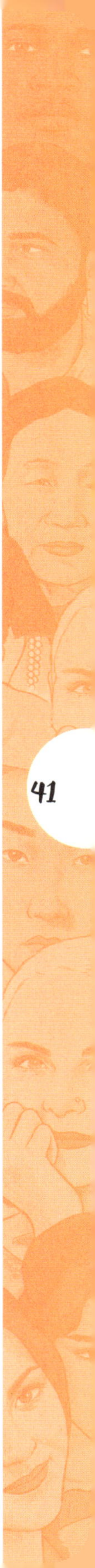

Óvalo:
vista de medio perfil 2

La intensidad de la fuente de luz y el ángulo de la cara
son elementos clave en el dibujo de un retrato.

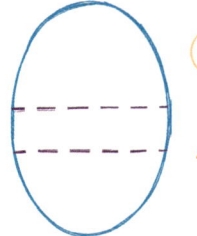

1 Trace un óvalo. Agregue dos líneas horizontales discontinuas que lo atraviesen por el centro.

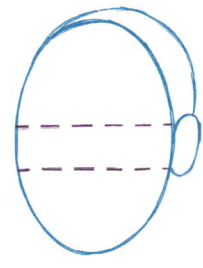

2 Esboce un óvalo más pequeño en el lado derecho, entre las líneas discontinuas, para situar la oreja. Encima del boceto, añada el contorno del pelo.

42

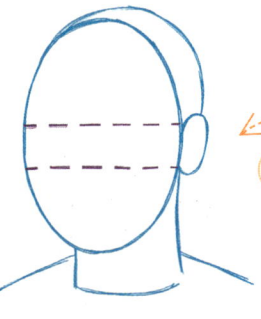

3 Esboce el cuello y los hombros.

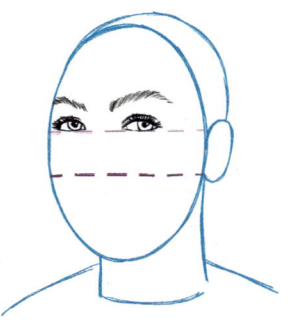

4 Con tinta, dibuje los ojos y las cejas sobre la guía discontinua superior.

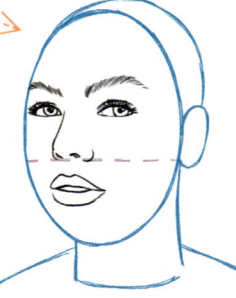

5 A continuación, haga la boca y la nariz. Vaya borrando las guías a medida que avanza.

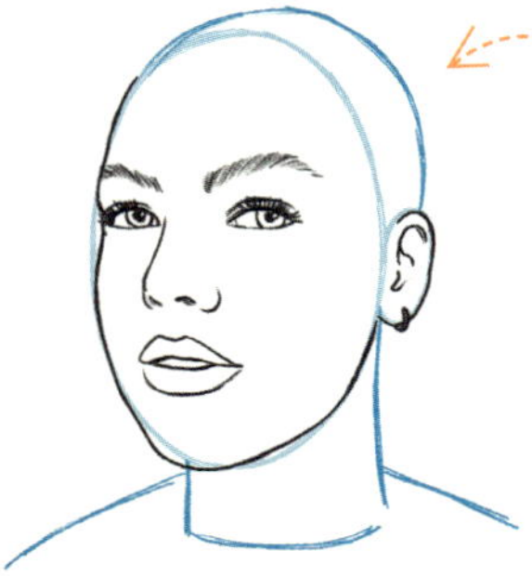

6 Trace el contorno de la cara
y los detalles de la oreja,
incluido el pequeño pendiente.

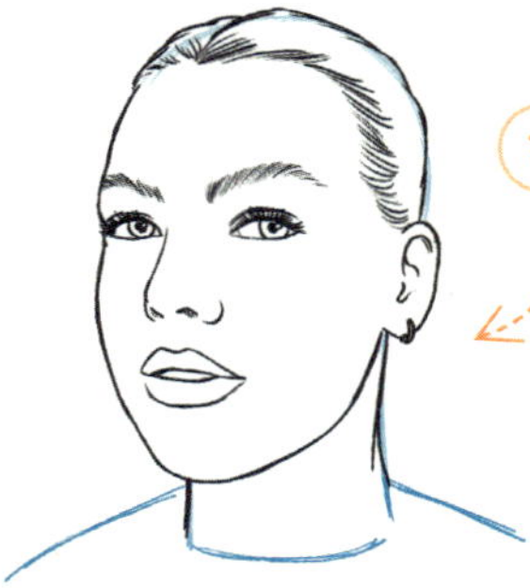

7 Para añadir el pelo,
haga trazos curvos a
lo largo de la línea de
nacimiento del cabello y
por detrás de la cabeza.

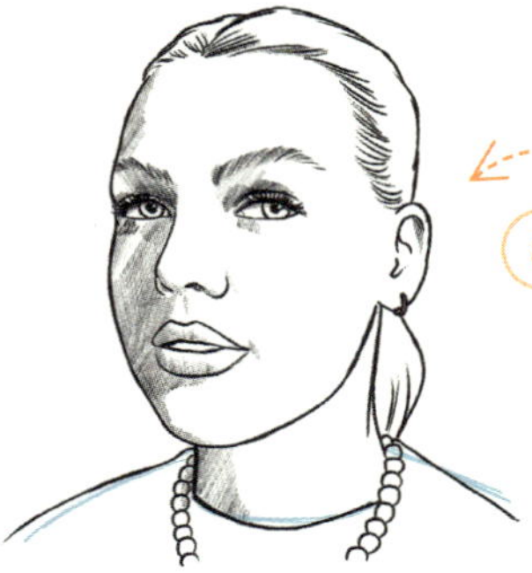

8 Dibuje el resto del pelo,
los hombros y el collar.
Fíjese dónde incide la luz
y agregue las sombras.

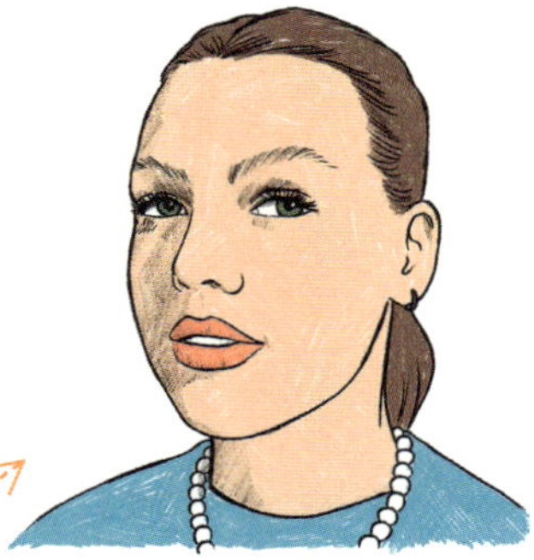

9 A continuación, empiece
a colorear el dibujo.

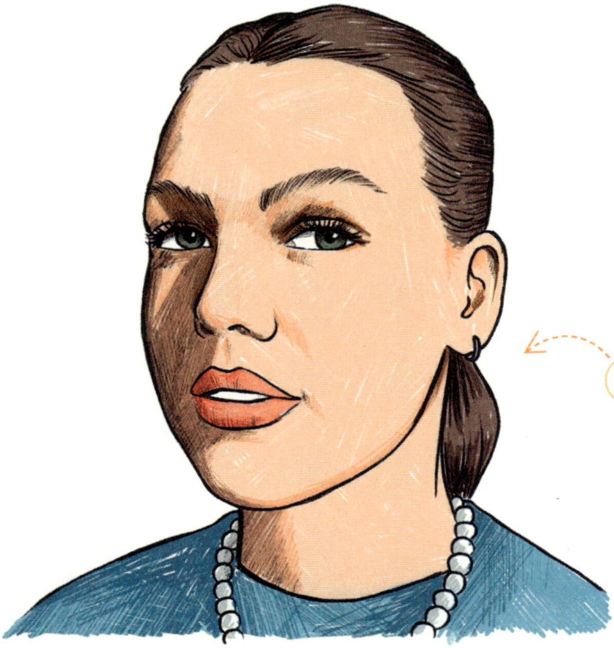

10 Retoque las sombras
utilizando tonos
más oscuros.

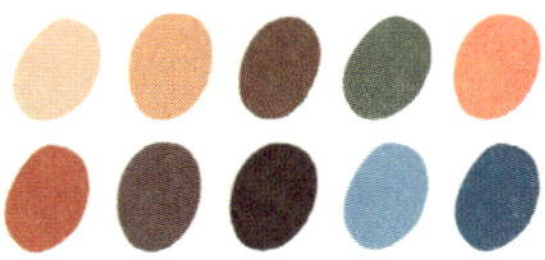

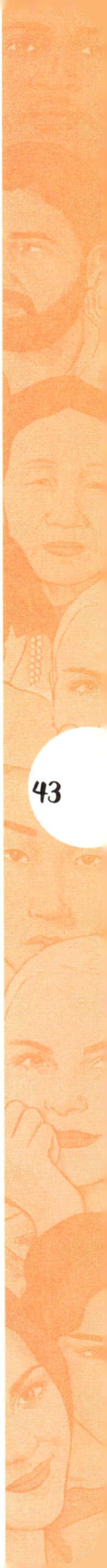

Óvalo:
vista de frente

El turbante y los diferentes tipos de vello facial
pueden acentuar la forma de la cara.

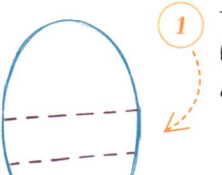

1 Trace un óvalo. Agregue dos
líneas horizontales discontinuas
que lo atraviesen por el centro.

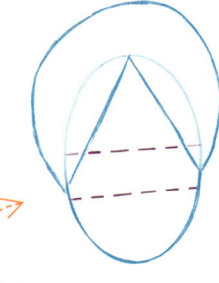

2 Para esbozar el turbante, haga un
arco y, en el centro, una «V» del
revés. Borre las guías que quedan
dentro del turbante.

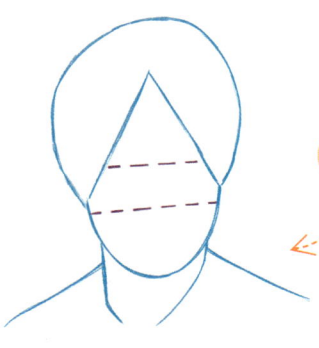

3 Esboce el cuello
y los hombros.

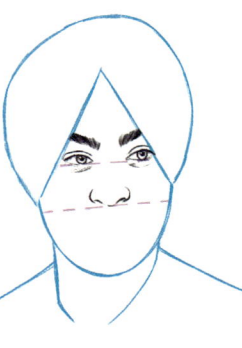

4 Con tinta, dibuje los ojos,
las cejas y la nariz, tomando
las líneas discontinuas como
guías para colocarlos. Vaya
borrando las guías a medida
que avanza.

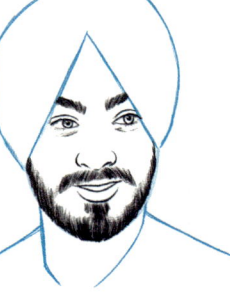

5 A continuación, dibuje
la boca y la barba
con trazos cortos.

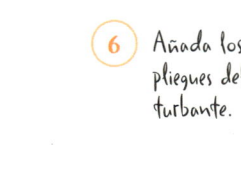

6 Añada los pliegues del turbante.

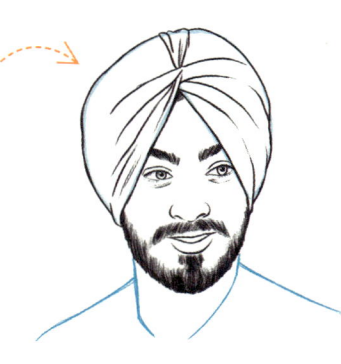

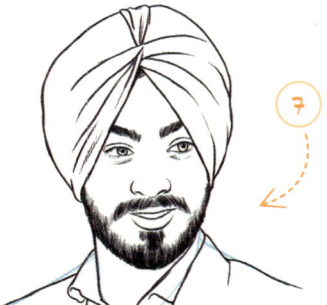

7 Dibuje las líneas de la camisa y la chaqueta.

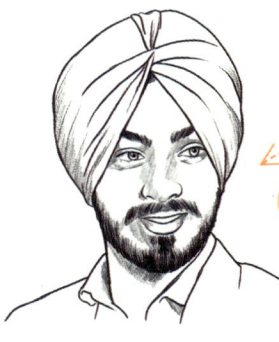

8 Fíjese dónde incide la luz y agregue las sombras.

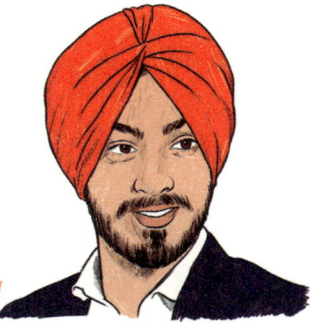

9 Coloree el dibujo.

10 Para terminar el retrato, añada más sombras utilizando tonos más oscuros.

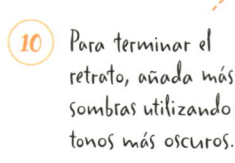

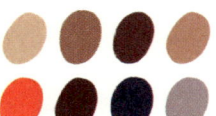

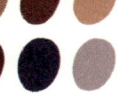

Rectángulo:
vista de frente

En una cara rectangular, la frente y la línea de las mandíbulas son prácticamente igual de anchas. Pruebe a hacer diferentes tipos de barbas para ver cómo enmarcan el rostro.

1 Esboce la cabeza, con la barbilla incluida, trazando un óvalo. Agregue un rectángulo en su interior.

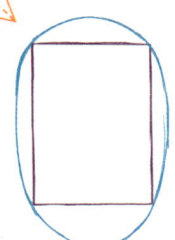

2 Divida el óvalo por la mitad con una línea horizontal discontinua. Esboce el cuello y los hombros.

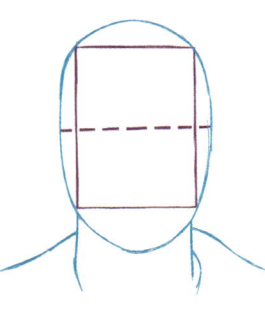

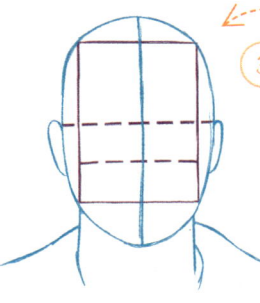

3 Trace una línea vertical en el centro del óvalo y luego una horizontal discontinua que atraviese la mitad inferior del rectángulo. Añada dos óvalos pequeños para situar las orejas.

4 Con tinta, dibuje los ojos y las cejas sobre la guía discontinua superior.

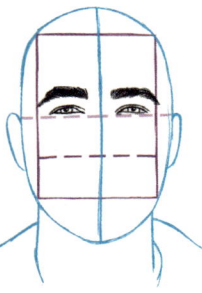

5 Tomando las líneas guía como referencia, haga la nariz y la boca. Vaya borrando las guías a medida que avanza.

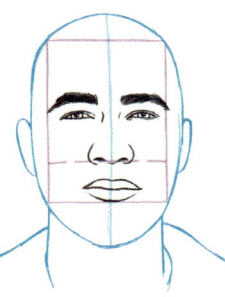

46

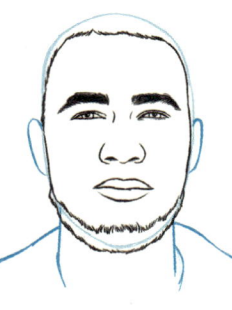

6 Repase con tinta la línea de nacimiento del pelo y el contorno de la barba realizando una serie de trazos cortos.

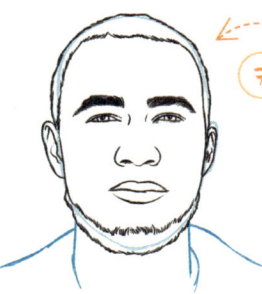

7 Complete la parte superior de la cabeza y dibuje los detalles de las orejas.

Nota:
Observe cómo cae la luz sobre el sujeto y úsela para destacar las curvas y formas.

8 Fíjese dónde incide la luz y agregue las sombras.

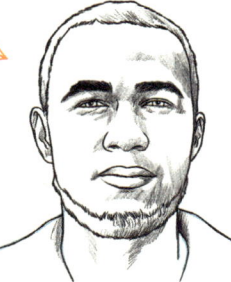

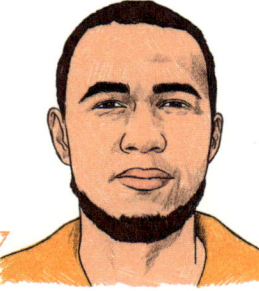

9 Pinte la piel, el pelo y la ropa.

10 Retoque el color añadiendo sombras con tonalidades más oscuras.

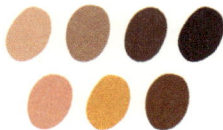

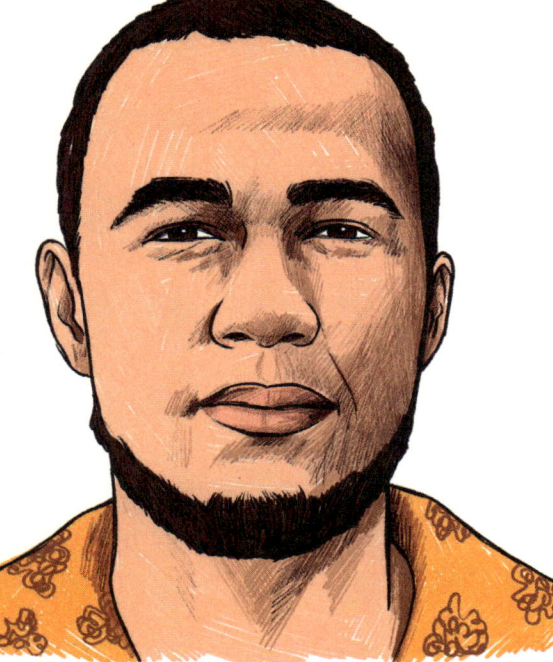

Rectángulo:
vista de medio perfil 1

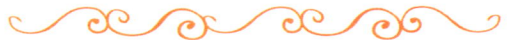

Pruebe a dibujar esta cara rectangular vista de medio perfil usando un rectángulo guía para lograr las proporciones y la perspectiva correctas.

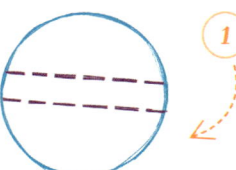

1 Dibuje un círculo. Añada dos líneas horizontales discontinuas que lo atraviesen por el centro, un poco inclinadas hacia abajo a la derecha.

2 Trace un rectángulo en el lado izquierdo del círculo, tal como se muestra.

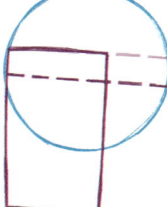

3 Cree el contorno de las mandíbulas alrededor del rectángulo y conéctelo con el lado derecho del círculo. Agregue un pequeño óvalo para situar la oreja.

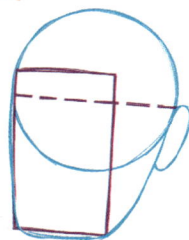

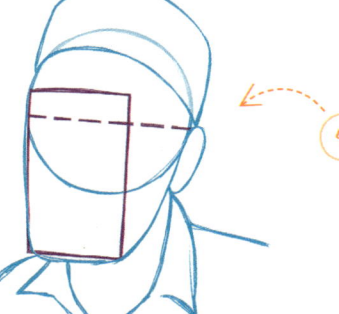

4 Esboce el gorro, los hombros y el cuello de la camisa.

5 Con tinta, dibuje los ojos y las cejas sobre la guía discontinua. Añada la nariz y la boca. Vaya borrando las guías a medida que avanza.

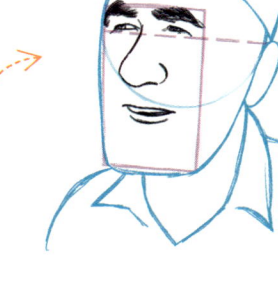

48

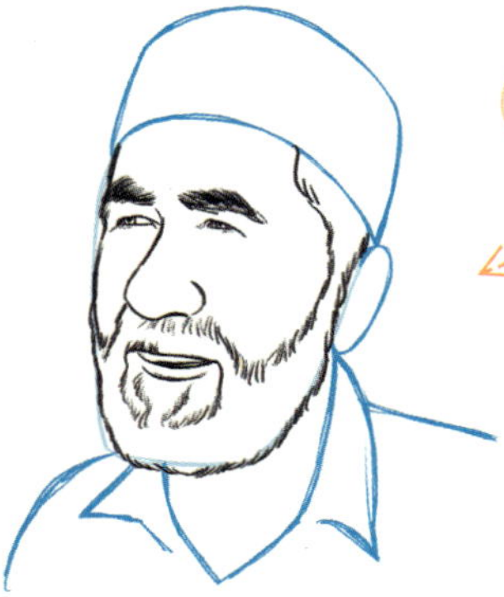

6 Dibuje el contorno de la cara y el vello facial con una serie de trazos cortos.

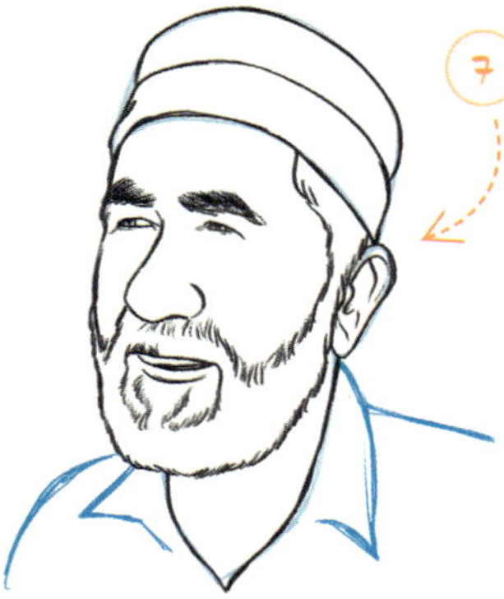

7 Agregue los detalles de la oreja y el gorro.

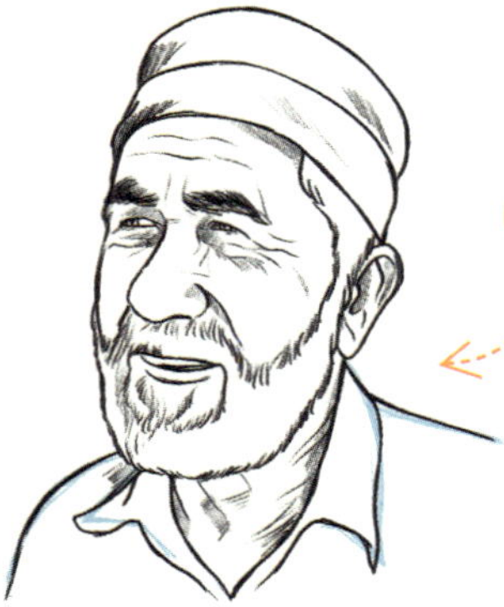

8 Dibuje los hombros y el cuello de la camisa. Haga las sombras.

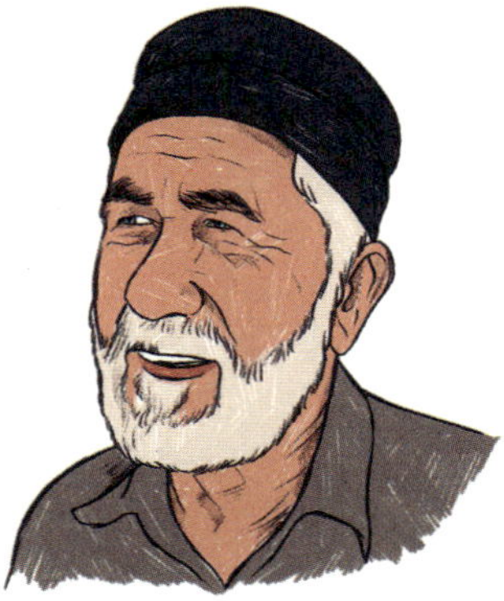

9 Pinte el dibujo.

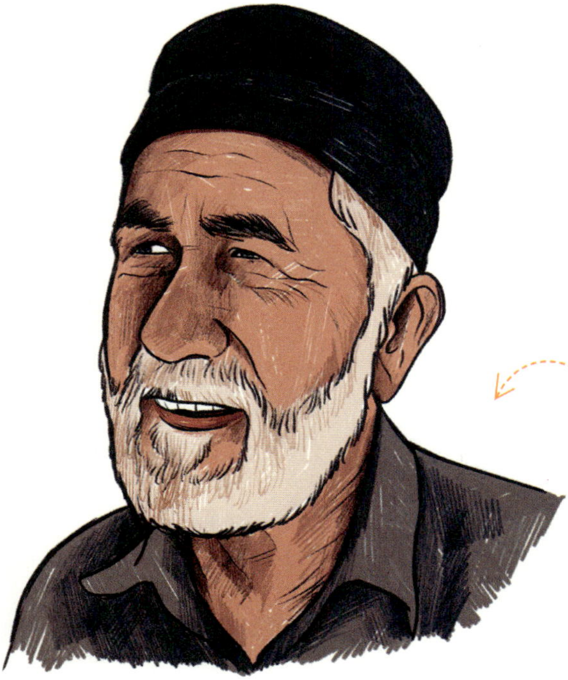

10 Por último, añada más sombras utilizando tonos más oscuros.

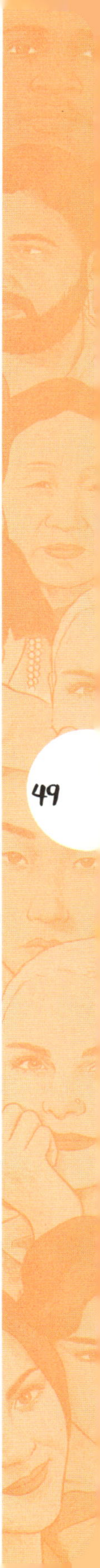

49

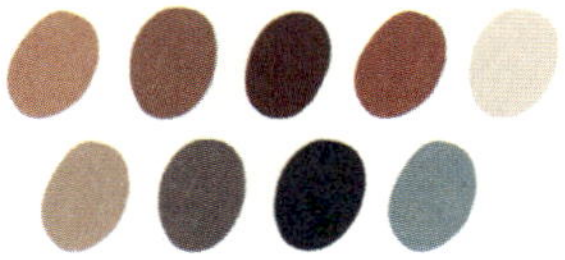

Rectángulo:
vista de medio perfil 2

Los rasgos faciales de la gente mayor son fascinantes a la hora de dibujar.
Un sombrero, unas gafas y otros accesorios dan el toque final perfecto.

1 Dibuje un círculo. Trace una línea horizontal discontinua que lo atraviese por la mitad superior, un poco inclinada hacia arriba a la derecha. Añada un rectángulo en la parte inferior izquierda.

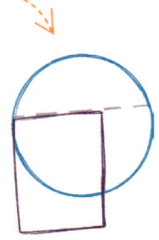

2 Cree el contorno de las mandíbulas alrededor del rectángulo y conéctelo con el lado derecho del círculo. Agregue un óvalo para situar la oreja. Esboce la forma del sombrero encima del círculo de la cara.

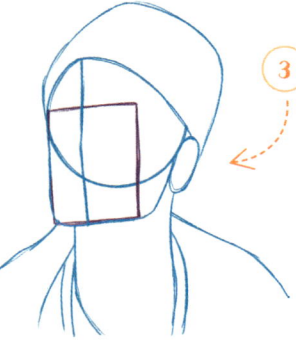

3 Haga una línea vertical que llegue hasta la base de la mandíbula. Esboce el contorno del cuello, los hombros, la ropa y el collar.

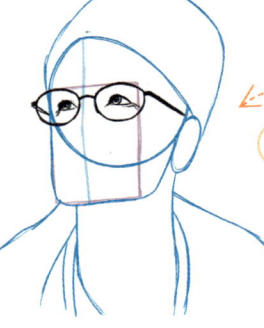

4 Con tinta, dibuje la gafas y los ojos dentro del rectángulo. No se olvide de las diminutas líneas de las comisuras de los ojos.

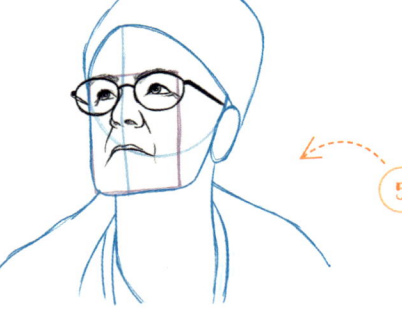

5 A continuación, haga la cejas, la nariz y la boca. Vaya borrando las guías a medida que avanza.

50

6 Esboce el pelo que sobresale del sombrero haciendo una serie de trazos ondulados. Termine de dibujar el contorno de la cara, el cuello y la oreja.

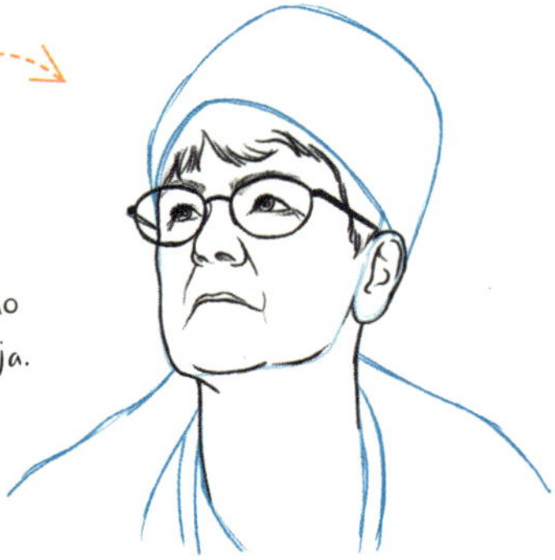

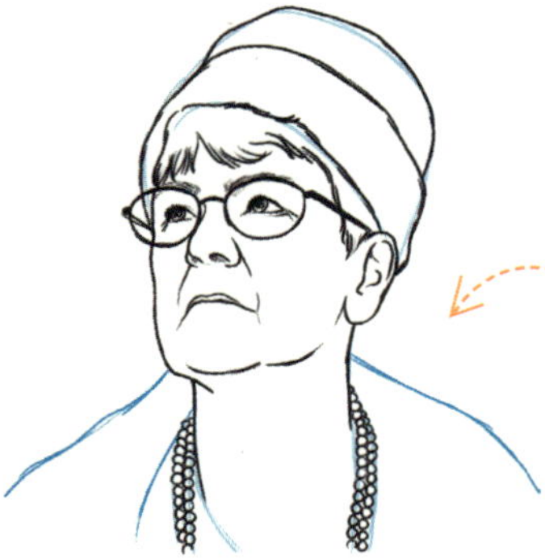

7 Trace el sombrero y el collar.

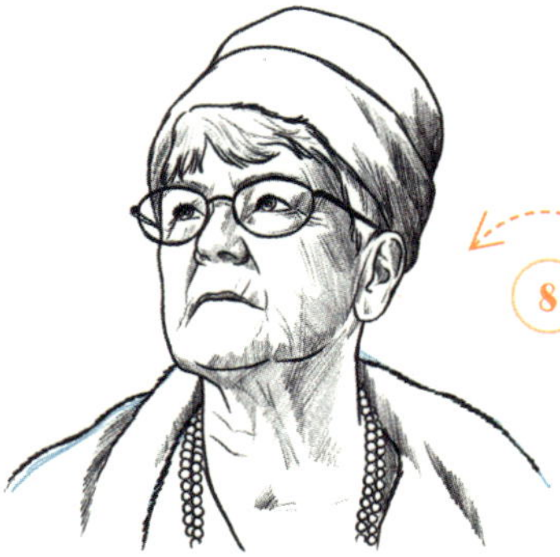

8 Añada los detalles y las sombras de la piel, la ropa y los accesorios, fijándose bien en los pliegues y arrugas.

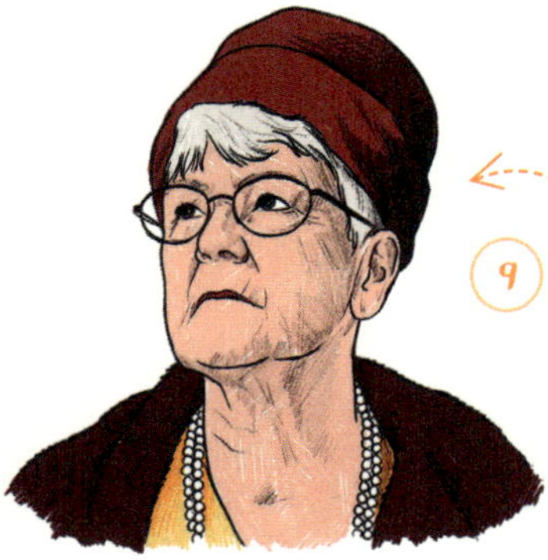

9 Empiece a pintar el dibujo.

10 Retoque las sombras utilizando tonos más oscuros.

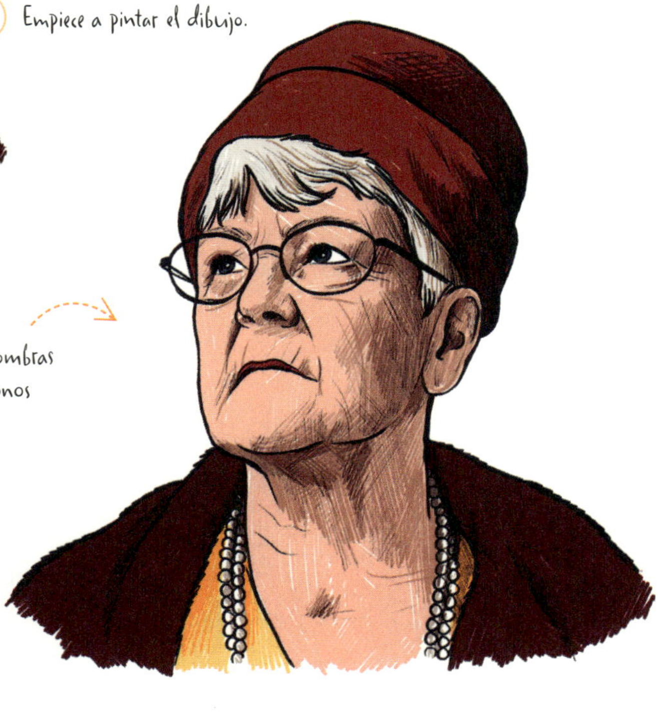

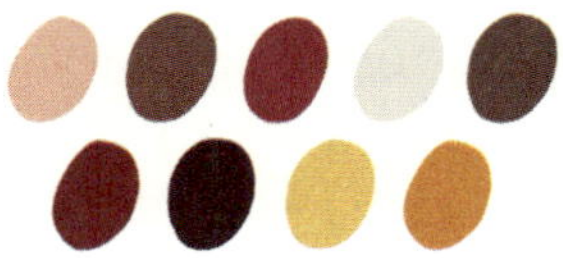

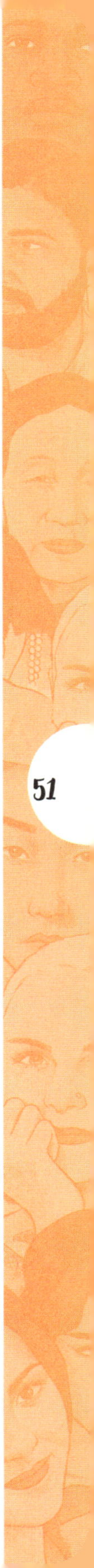

Redonda:
vista de medio perfil

Practica el dibujo de esta barba y este pelo tan tupidos.
Para reproducir la textura, haga trazos variados.

1 Dibuje un círculo. Esboce la mandíbula debajo con una «U».

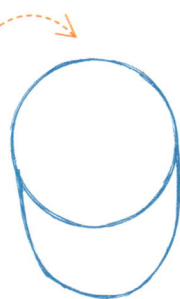

2 Trace otro círculo (el morado) un poco más abajo a la derecha del primero. Añada el contorno del pelo encima y un pequeño óvalo a la izquierda para situar la oreja. Borre el primer círculo guía (el azul).

3 Esboce el cuello y los hombros. Agregue una línea horizontal discontinua que atraviese el círculo.

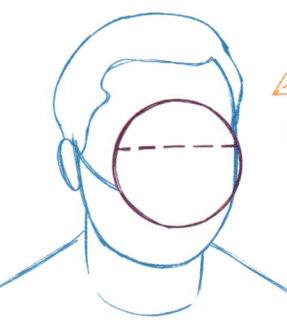

4 Con tinta, dibuje los ojos y las cejas sobre la guía discontinua.

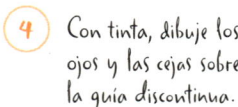

5 A continuación, haga la nariz, la boca y la oreja. Vaya borrando las guías a medida que avanza.

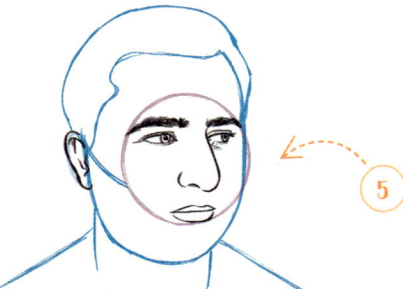

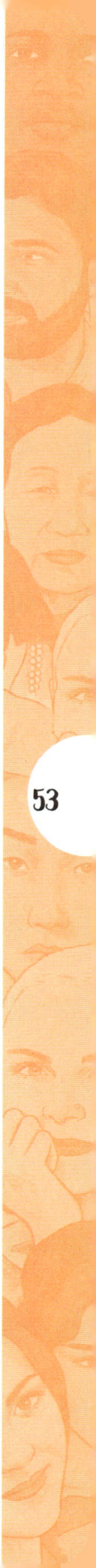

6 Dibuje el contorno de la cara y el vello facial con una serie de trazos cortos.

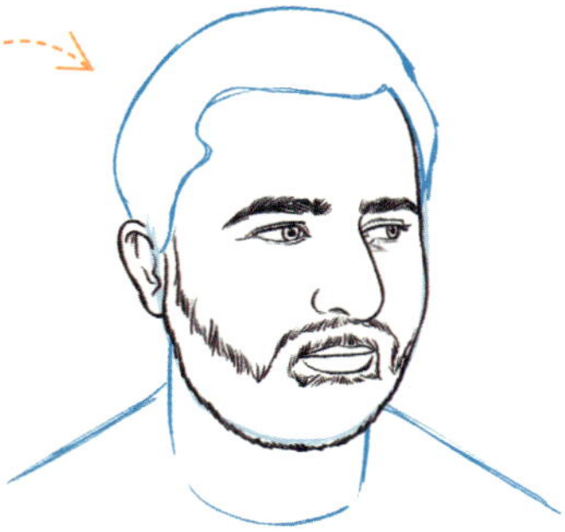

7 Haga el contorno del pelo con trazos sueltos. Agregue los detalles de la camisa.

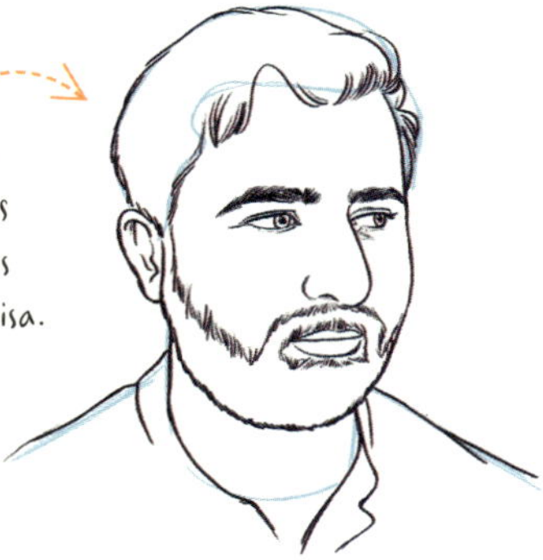

8 Llene el cabello y la barba de trazos variados. Añada las sombras.

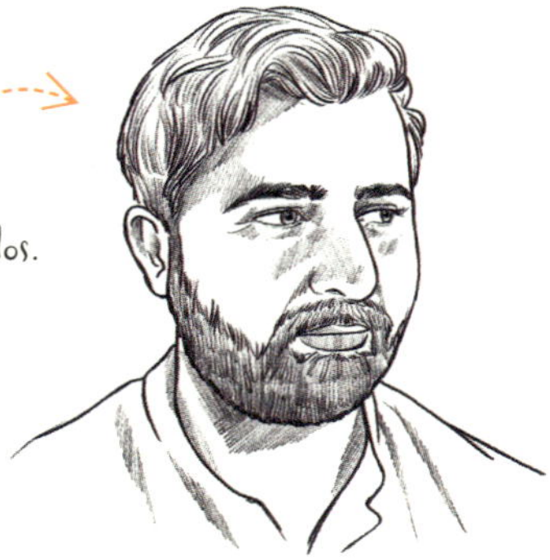

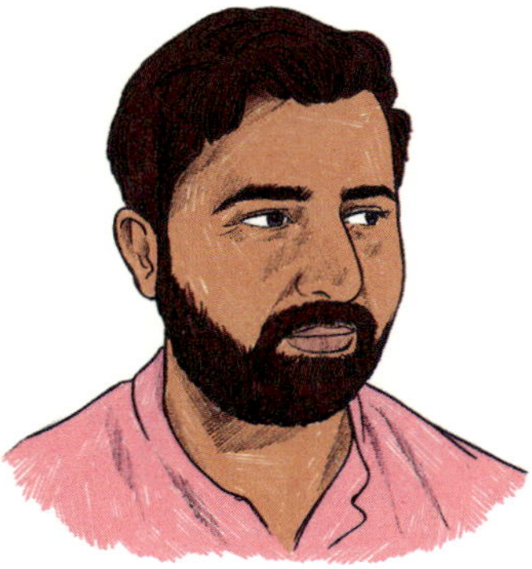

53

9 Empiece a pintar la piel, los ojos, el pelo y la ropa.

10 Para terminar, agregue tonos más oscuros en las zonas que quedan a la sombra.

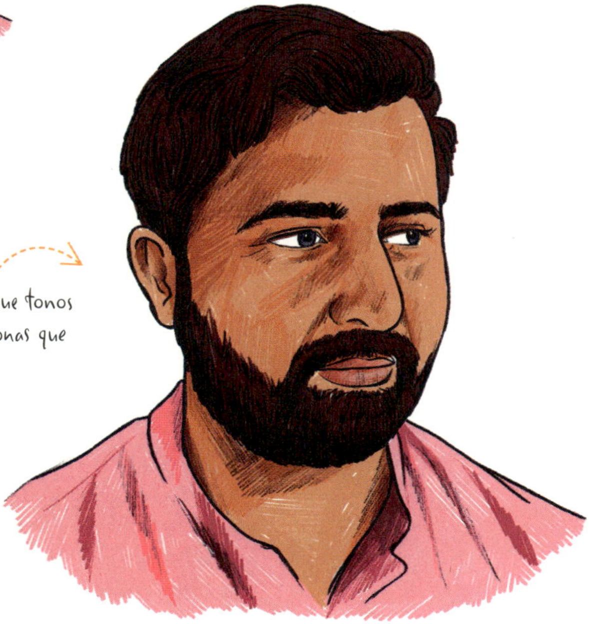

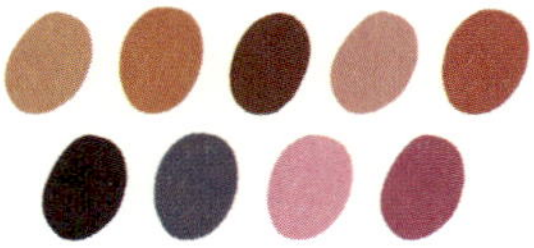

Cuadrado:
vista de medio perfil

El peinado sencillo y moderno indica personalidad y fuerza,
mientras que la mano en la mejilla sugiere timidez.

1 Trace un óvalo Añada un cuadrado en su interior.

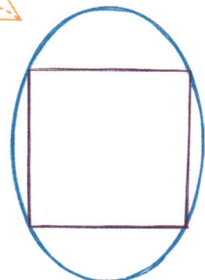

2 Divida el cuadrado por la mitad con una línea horizontal discontinua. Trace un arco encima del boceto a modo de guía para el pelo y un óvalo pequeño para situar la oreja.

3 Esboce la mano, el cuello y los hombros.

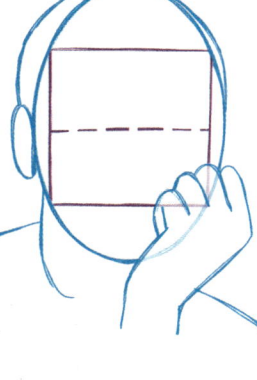

4 Con tinta, dibuje los ojos y las cejas sobre la guía discontinua.

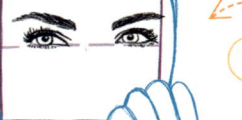

5 A continuación, haga la boca y la nariz, incluido el piercing. Vaya borrando las guías a medida que avanza.

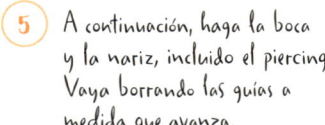

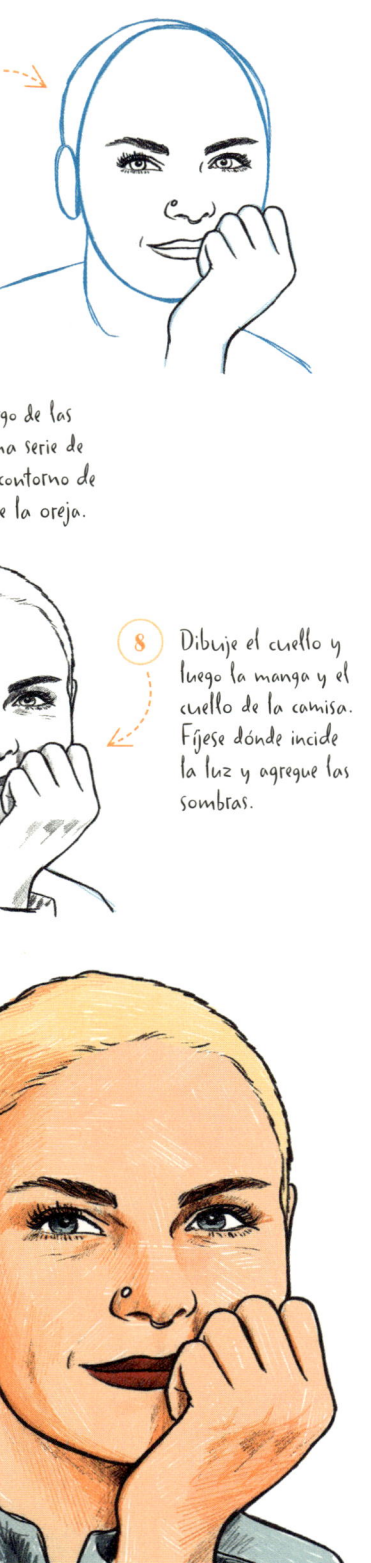

6 Dibuje el contorno de la mano.

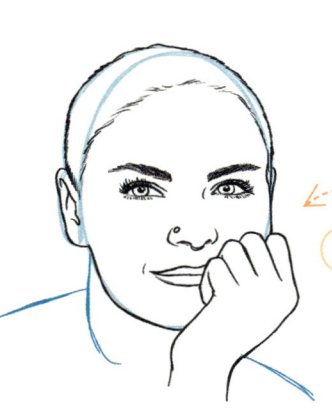

7 Agregue el pelo a lo largo de las líneas guía haciendo una serie de trazos cortos. Haga el contorno de la cara y los detalles de la oreja.

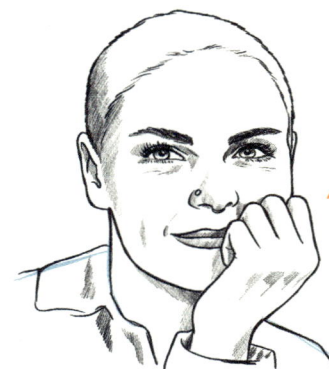

8 Dibuje el cuello y luego la manga y el cuello de la camisa. Fíjese dónde incide la luz y agregue las sombras.

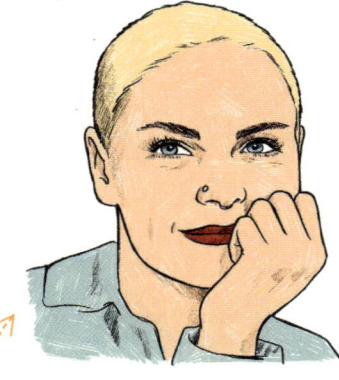

9 Pinte el dibujo.

10 Por último, añada más sombras utilizando tonos más oscuros.

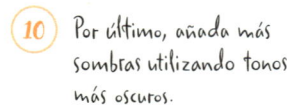

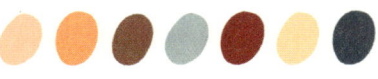

Cuadrado:
vista de frente 1

Esta cara cuadrada vista de frente tiene mucha fuerza y carácter.

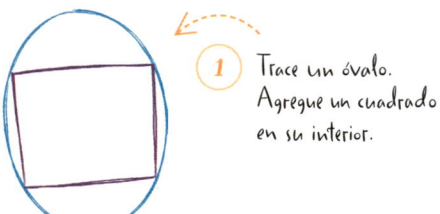

(1) Trace un óvalo. Agregue un cuadrado en su interior.

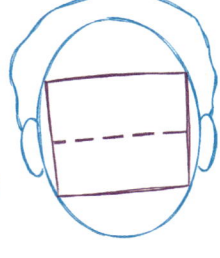

(2) Divida el cuadrado por la mitad con una línea horizontal discontinua. Añada un arco encima del boceto a modo de guía para el pelo y un óvalo pequeño a cada lado para situar las orejas.

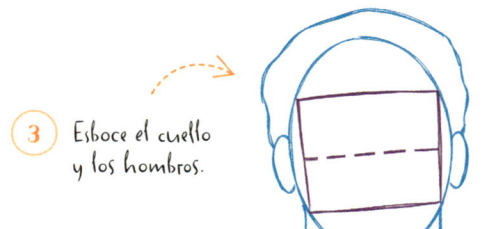

(3) Esboce el cuello y los hombros.

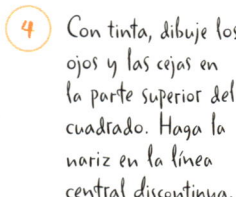

(4) Con tinta, dibuje los ojos y las cejas en la parte superior del cuadrado. Haga la nariz en la línea central discontinua.

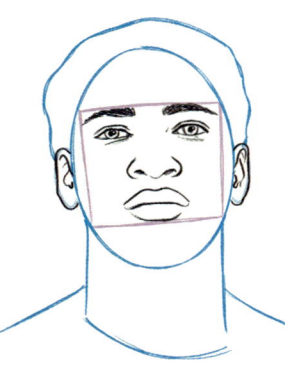

(5) A continuación, dibuje la boca y las orejas. Vaya borrando las guías a medida que avanza.

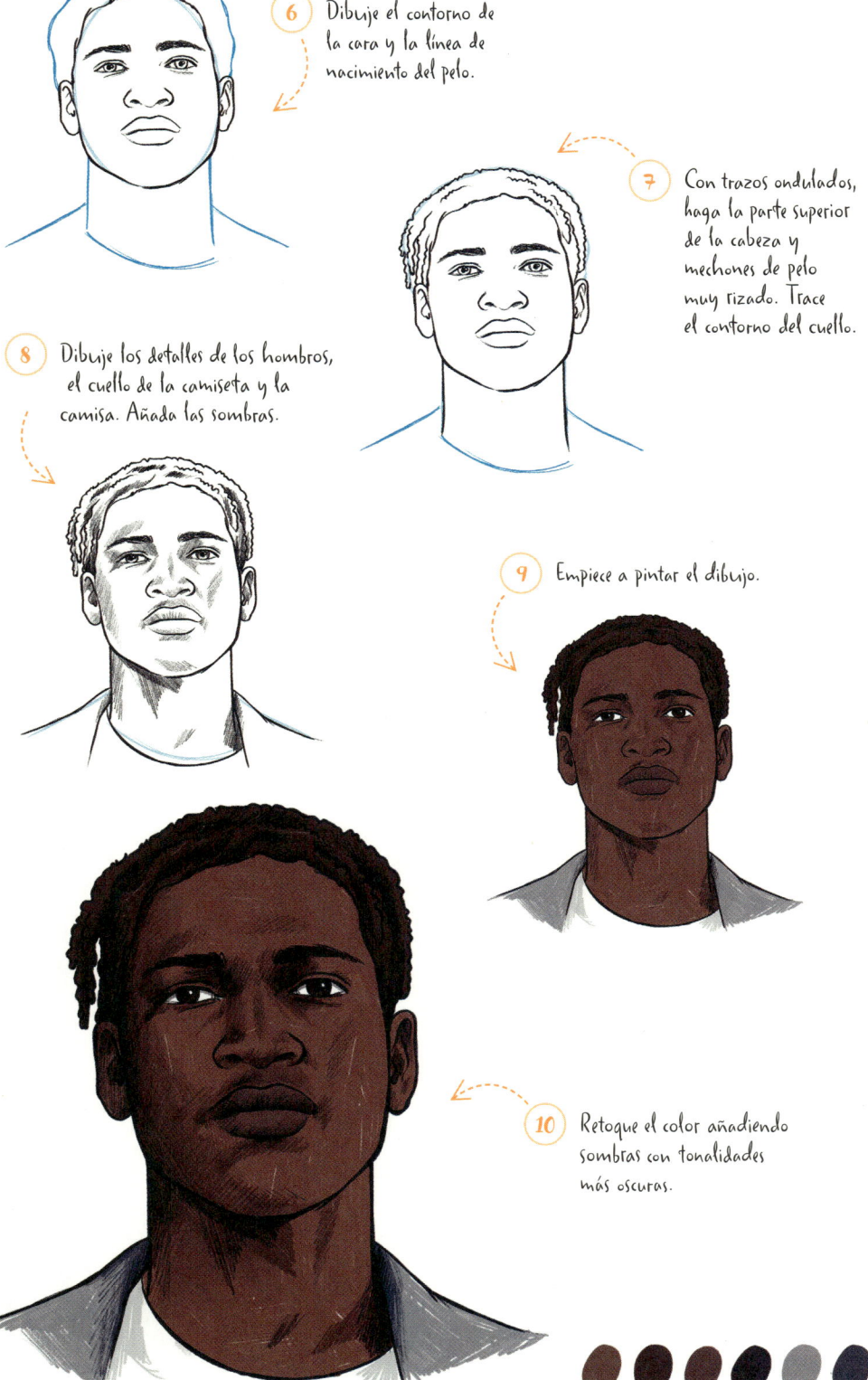

6 Dibuje el contorno de la cara y la línea de nacimiento del pelo.

7 Con trazos ondulados, haga la parte superior de la cabeza y mechones de pelo muy rizado. Trace el contorno del cuello.

8 Dibuje los detalles de los hombros, el cuello de la camiseta y la camisa. Añada las sombras.

9 Empiece a pintar el dibujo.

10 Retoque el color añadiendo sombras con tonalidades más oscuras.

Cuadrado:
vista de frente 2

Para reproducir la piel de una sabia anciana,
dibuje con trazos finos.

1 Dibuje un óvalo
Añada un cuadrado
en su interior.

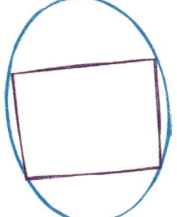

2 Divida el cuadrado con dos líneas
horizontales discontinuas. Haga
una línea vertical que atraviese el
óvalo por el centro.

3 Esboce el contorno del
pelo, incluida la flor del
lado. Trace un pequeño
óvalo alargado a cada
lado para situar las orejas.
Dibuje el contorno del
cuello y los hombros.

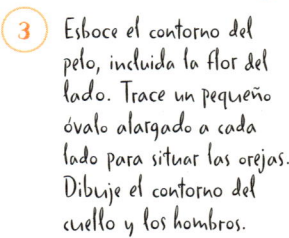

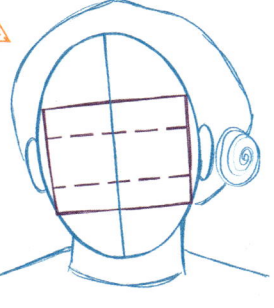

4 Con tinta, dibuje los ojos
y las cejas en la parte
superior del cuadrado.

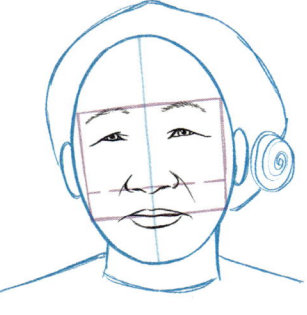

5 A continuación, haga la
nariz y la boca. Vaya
borrando las guías a
medida que avanza.

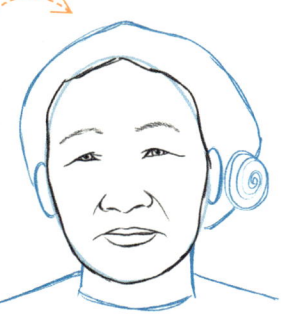

6 Trace el contorno de la cara

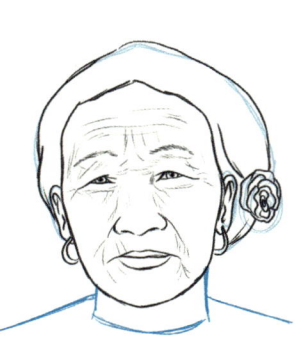

7 Dibuje el pelo, la flor y las orejas con los pendientes. Prestando atención a los detalles, añada algunas líneas curvas finas en la piel para sugerir la edad de la persona.

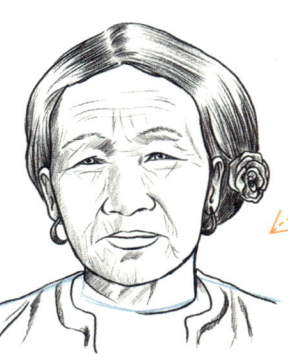

8 Dé forma al pelo añadiendo una serie de trazos largos y rectos. Haga los detalles del cuello y la ropa. Agregue las sombras.

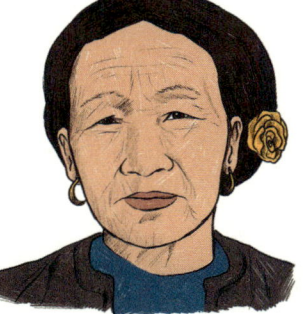

9 Empiece a colorear el dibujo.

10 Agregue tonos más oscuros en las zonas que quedan a la sombra.

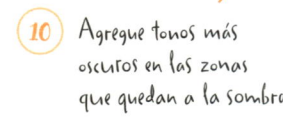

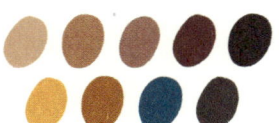

Rombo:
vista de medio perfil 1

Las caras con forma de rombo tienen la barbilla puntiaguda
y la mandíbula y la frente estrechas.

1 Esboce la cara con un círculo. Divídalo por la mitad con una línea recta inclinada hacia abajo a la derecha y, debajo, añada una «V» redondeada para formar la mandíbula.

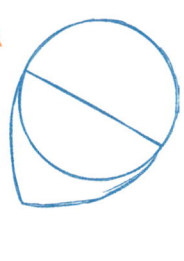

2 Trace el contorno del cuello y los hombros. En el interior de la cabeza, dibuje un rombo.

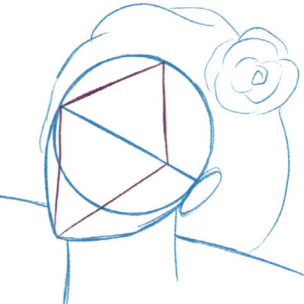

3 Agregue el contorno del pelo, incluida la flor. Haga un óvalo a un lado de la cabeza para situar la oreja.

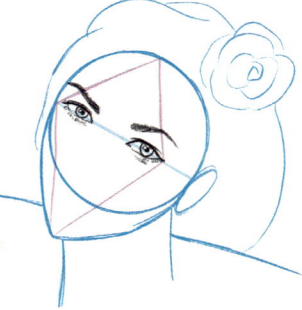

4 Con tinta, dibuje los ojos y las cejas sobre la línea guía recta. Fíjese en que la comisura externa de cada ojo está en contacto con el rombo.

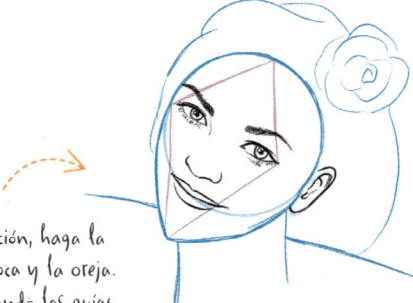

5 A continuación, haga la nariz, la boca y la oreja. Vaya borrando las guías a medida que avanza.

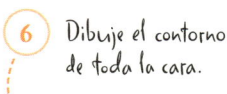

6 Dibuje el contorno de toda la cara.

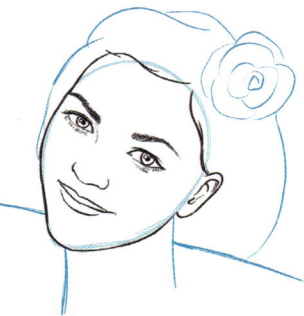

7 Haga el resto del pelo y los detalles de la rosa.

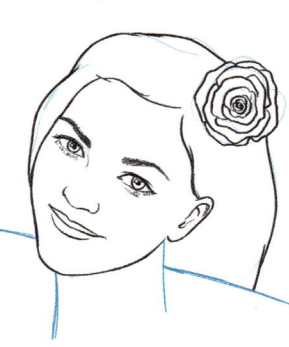

8 Dibuje el contorno del cuello y los hombros. Fíjese dónde incide la luz y agregue las sombras.

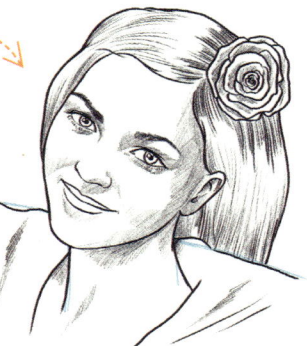

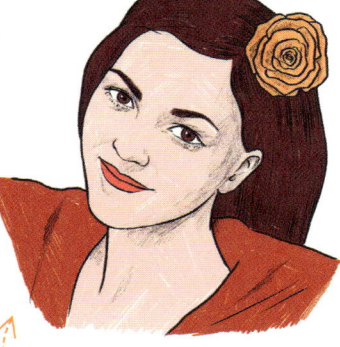

9 Coloree la piel, los ojos, el pelo y la ropa. Pinte los labios de un color vivo.

10 Por último, añada más sombras utilizando tonos más oscuros.

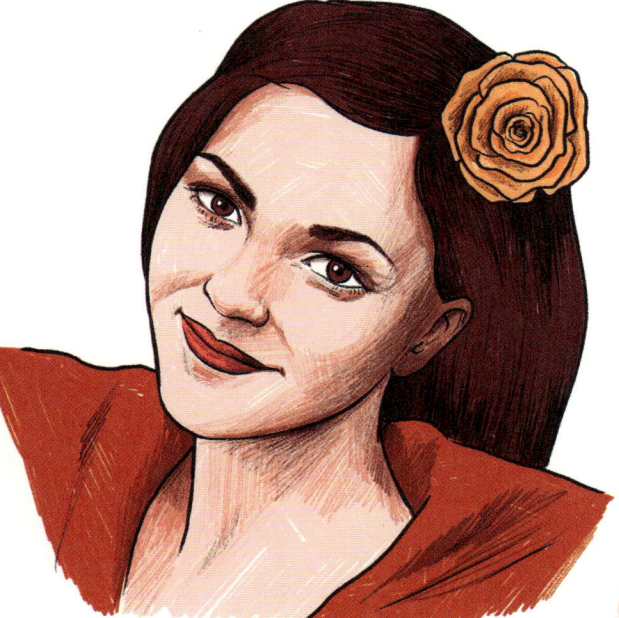

61

Rombo:
vista de medio perfil 2

Pruebe a variar la vista de medio perfil colocando
el rombo guía en diferentes ángulos.

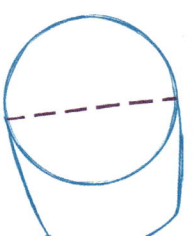

1 Dibuje un círculo. Divídalo por la mitad con una recta discontinua y, debajo, añada una «U» angulosa para formar la mandíbula.

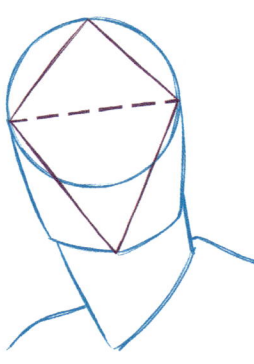

2 Tomando la línea discontinua como guía, trace un rombo superpuesto al círculo. Esboce el cuello y los hombros.

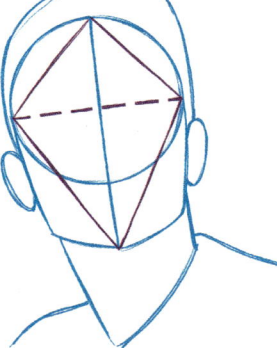

3 Trace el contorno del pelo y las orejas alrededor de la cabeza.

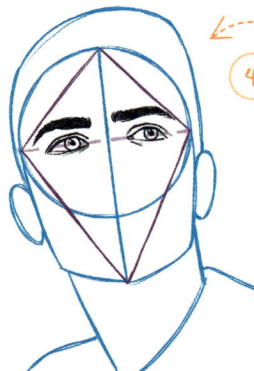

4 Con tinta, dibuje los ojos y las cejas tomando como referencia la línea discontinua y el rombo.

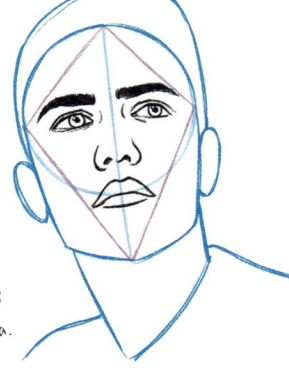

5 Haga también la nariz y la boca. Vaya borrando las guías a medida que avanza.

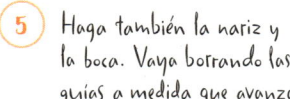

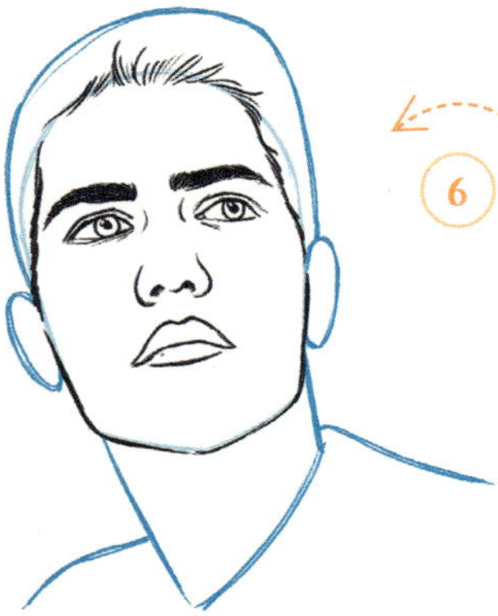

6 Añada algunos trazos cortos en la línea de nacimiento del pelo.

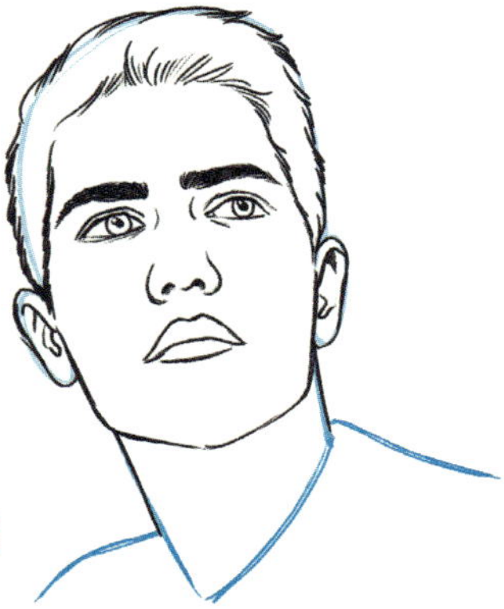

7 Siga a lo largo del contorno superior del pelo y dibuje las orejas.

8 Dibuje más pelos en la parte superior y los lados de la cabeza y luego trace el contorno del cuello y los hombros. Fíjese dónde incide la luz y agregue las sombras.

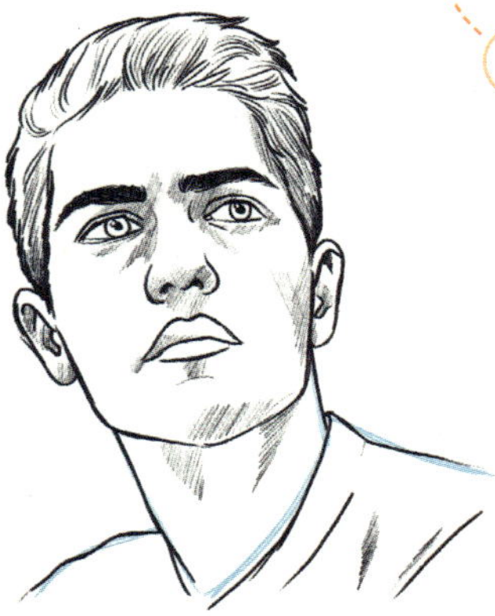

9 Coloree el retrato.

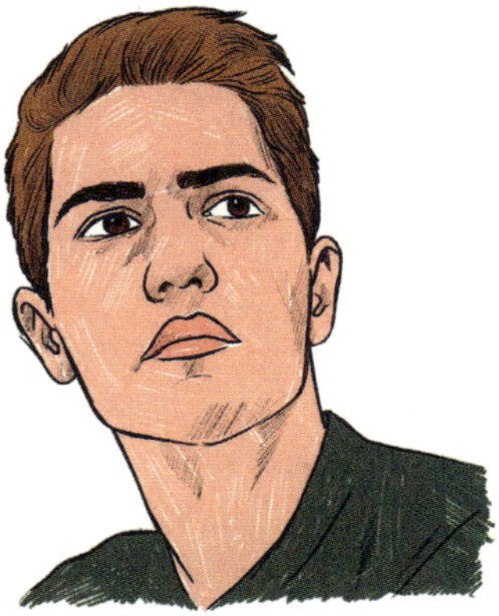

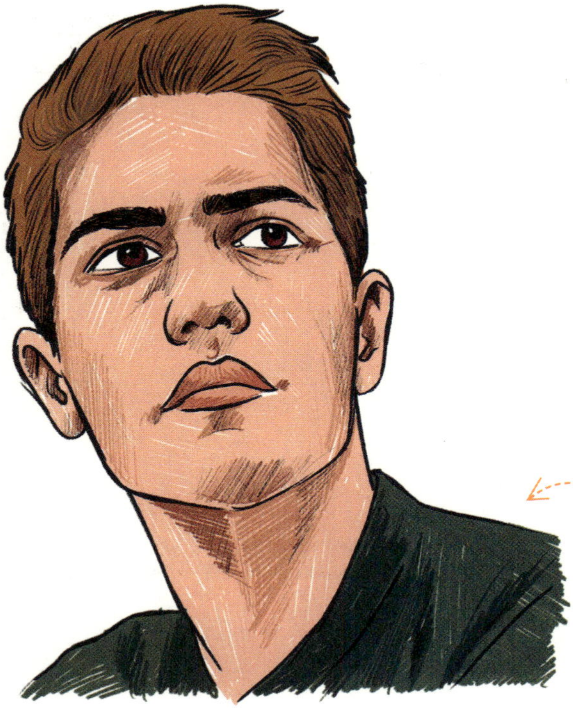

10 Retoque las sombras utilizando tonos más oscuros.

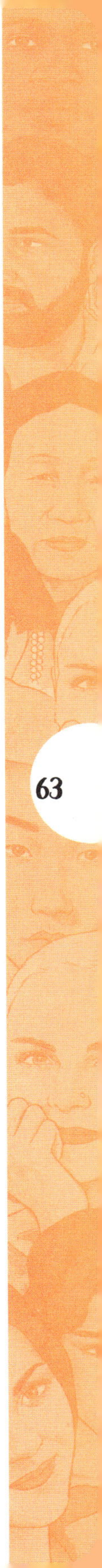

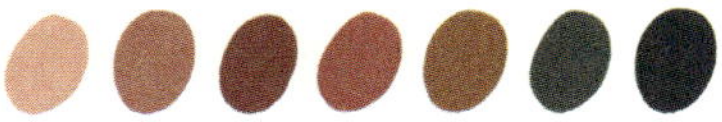

Rombo:
vista de frente

Para hacer un retrato de frente, dibuje el rombo guía en posición vertical, pero inclínelo un poco para conseguir un resultado más natural.

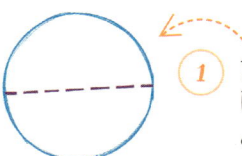

1 Dibuje un círculo. Divídalo por la mitad con una línea horizontal discontinua.

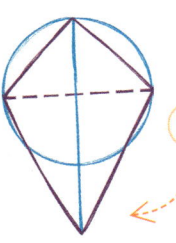

2 Tomando esta línea como referencia, trace un rombo superpuesto al círculo para conseguir una cara con las proporciones correctas.

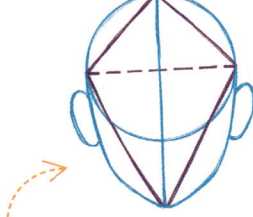

3 Esboce el contorno de las mandíbulas y las orejas alrededor del rombo.

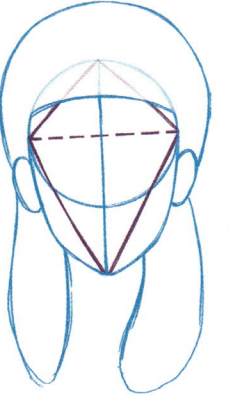

4 Haga también el contorno del casco y el pelo.

5 Añada las líneas guía de los hombros. Con tinta, dibuje los ojos y las cejas tomando como referencia la línea discontinua.

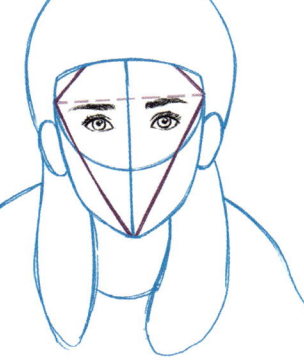

6 Siga con la nariz y la boca. Vaya borrando las guías a medida que avanza. Dibuje el casco tomando como referencia las líneas del boceto. Vaya borrando las guías a medida que avanza.

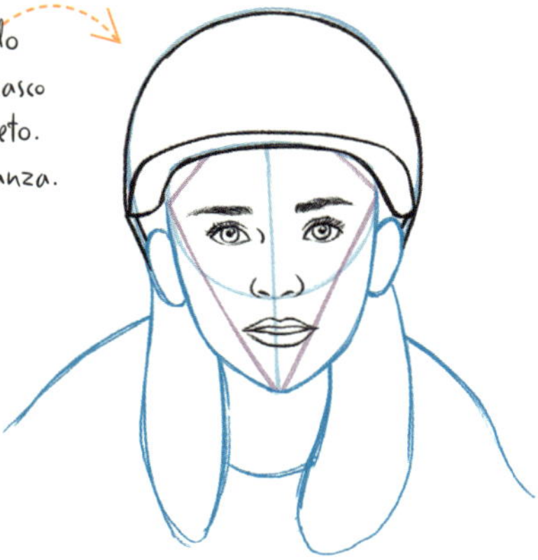

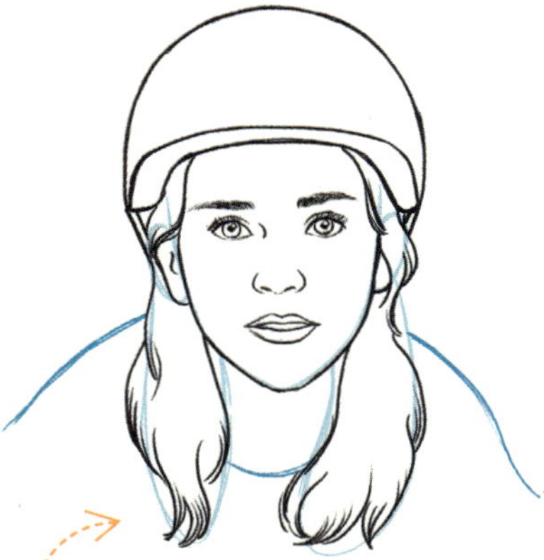

7 Dibuje la cara, las orejas y el pelo.

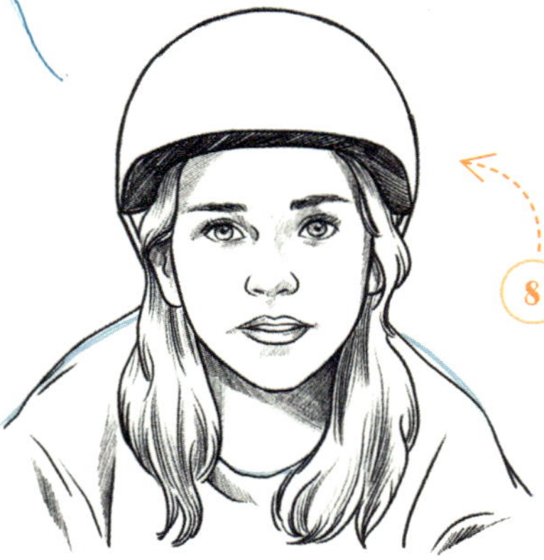

8 Haga los hombros y la línea del cuello del jersey. Fíjese dónde incide la luz y agregue las sombras.

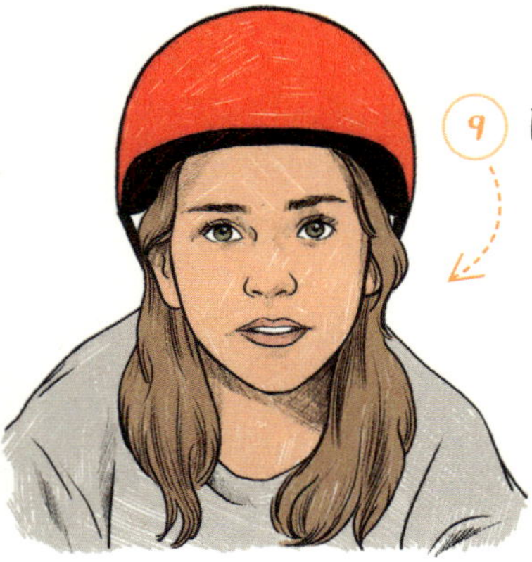

9 Pinte el dibujo.

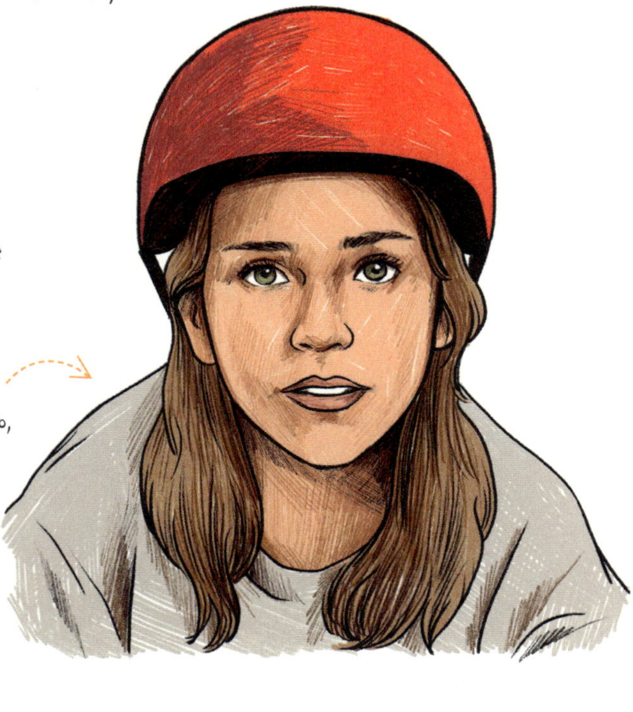

10 Para terminar el retrato, añada más sombras utilizando tonos más oscuros.

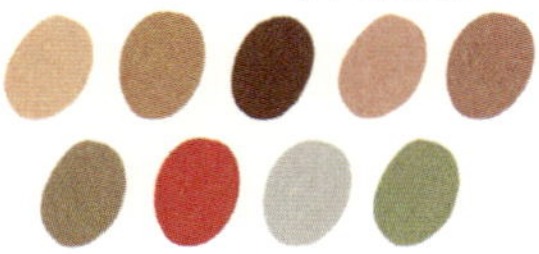

Corazón:
vista de frente 1

Los rostros con forma de corazón tienen la frente ancha y la barbilla estrecha. Comience dibujando uno visto de frente.

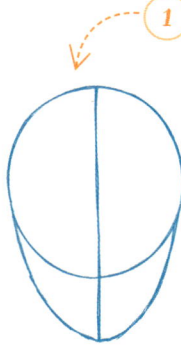

1 Trace un círculo. Añada un arco debajo para formar la mandíbula y divida el boceto por la mitad con una línea vertical.

2 Esboce un corazón, que le ayudará a conseguir una cara con las proporciones correctas.

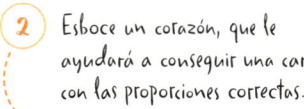

3 Haga las líneas del cuello, los hombros y los pliegues de la ropa. Para situar los pendientes, esboce un rombo a cada lado de la parte inferior de la cara.

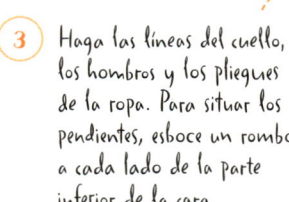

4 Con tinta, dibuje los ojos y las cejas en la parte superior del corazón. Haga la nariz justo donde se cruzan las líneas guía. Vaya borrando las guías a medida que avanza.

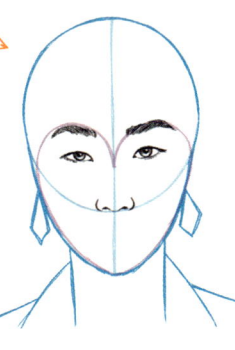

5 Añada la línea de nacimiento del pelo haciendo una serie de líneas curvas y luego la boca.

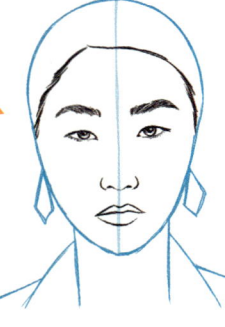

6 Complete el contorno de la cabeza, las orejas y la cara. Dibuje los pendientes agregándoles más detalles.

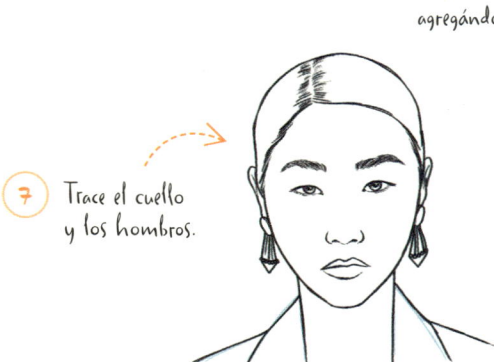

7 Trace el cuello y los hombros.

8 Fíjese dónde incide la luz y agregue las sombras.

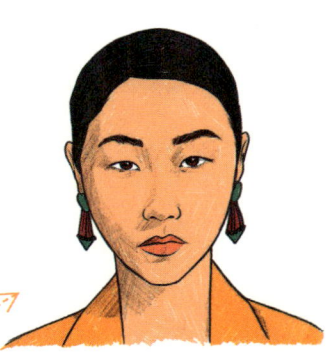

9 Empiece a pintar el dibujo.

10 Por último, añada más sombras utilizando tonos más oscuros.

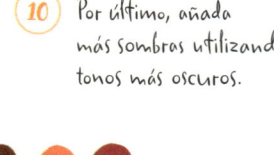

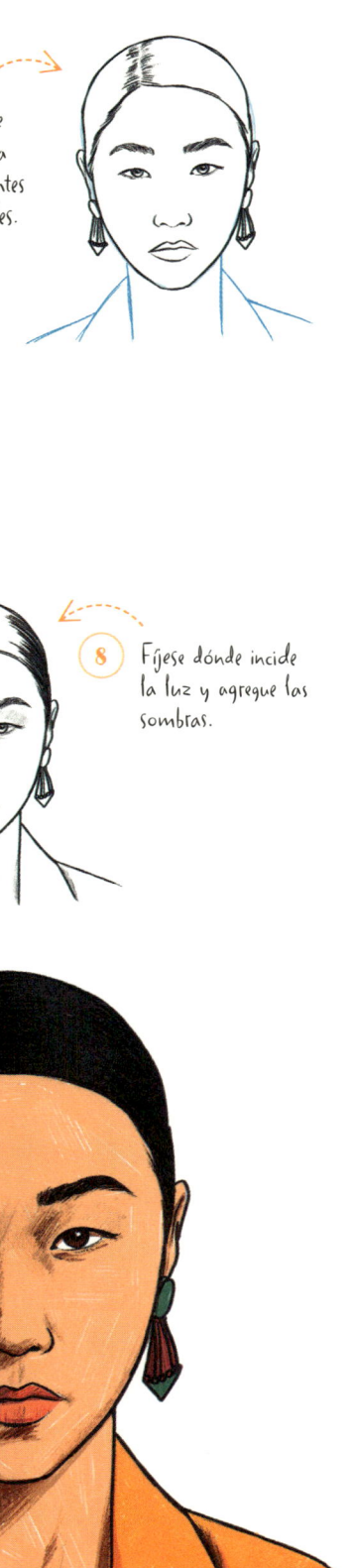

Corazón:
vista de frente 2

La mano junto a la mejilla da un toque de seriedad
a este rostro con forma de corazón.

1 Dibuje un círculo. Añada una «U» debajo para formar la mandíbula y luego divida el boceto por la mitad con una línea vertical.

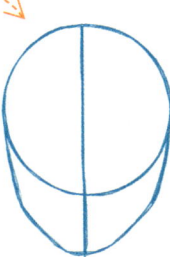

2 Trace un corazón tal como se muestra: le servirá de guía para dibujar la parte inferior de la cara.

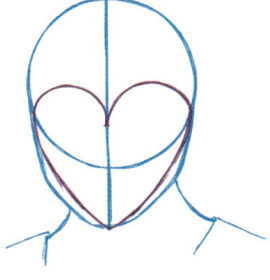

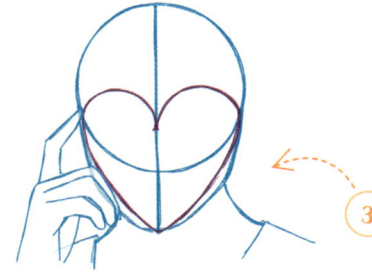

3 Esboce la mano.

4 Haga también el contorno del gorro. Añada las orejas.

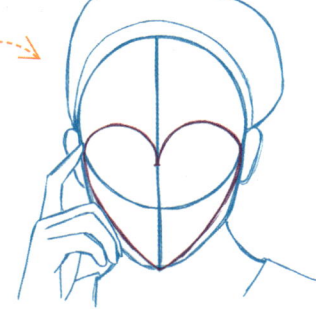

5 Con tinta, dibuje los ojos y las cejas dentro del corazón. Haga la nariz justo donde se cruzan las líneas guía. Agregue la boca.

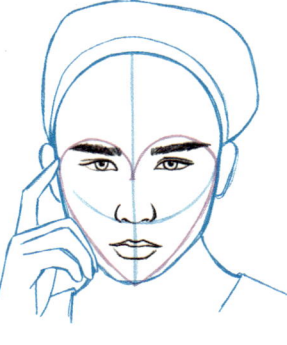

68

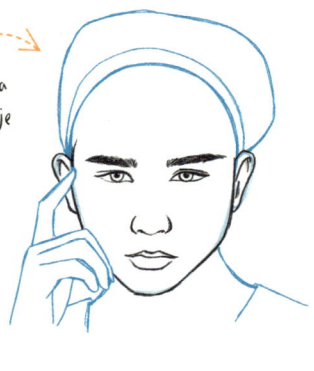

6 Vaya borrando las guías a medida que avanza. Dibuje el contorno de la cara y del orejas.

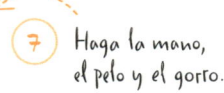

7 Haga la mano, el pelo y el gorro.

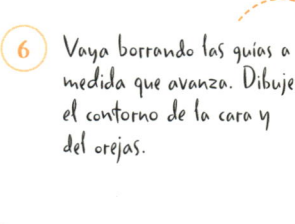

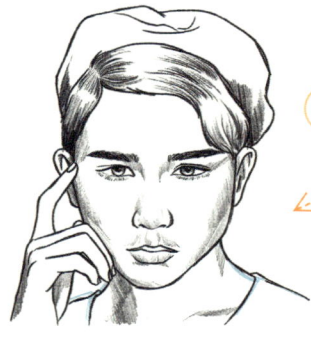

8 Dibuje el cuello y los hombros. Fíjese dónde incide la luz y agregue las sombras.

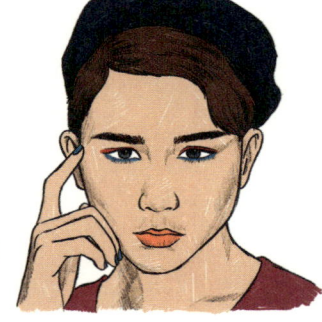

9 Pinte el dibujo, eligiendo colores vivos para el maquillaje de los ojos y el pintaúñas.

10 Para terminar el retrato, añada más sombras utilizando tonos más oscuros.

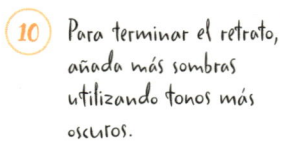

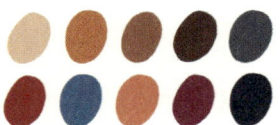

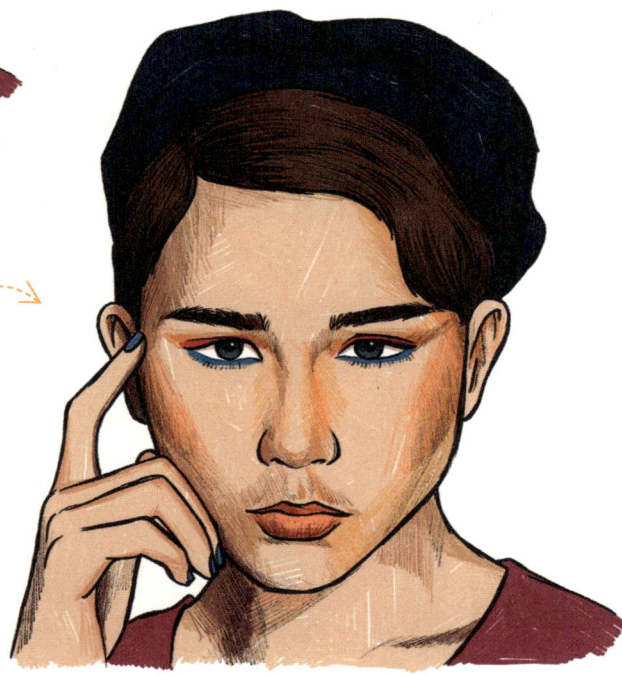

Corazón:
vista de medio perfil

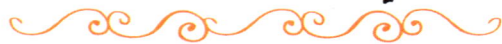

En esta cara que mira hacia abajo, como apartándose de la luz,
destacan las zonas que quedan a la sombra.

1 Trace un círculo. Divídalo
por la mitad con una línea vertical
ligeramente curva. Dibuje un corazón
en la parte inferior: le servirá de guía
para hacer la parte inferior de la cara.
Para crear una cara que mira hacia
abajo, las dos formas deben estar
levemente inclinadas.

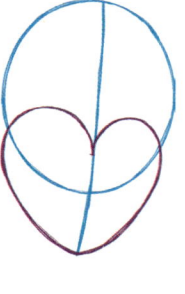

2 Esboce las orejas y
una línea horizontal
discontinua en la parte
superior del corazón.

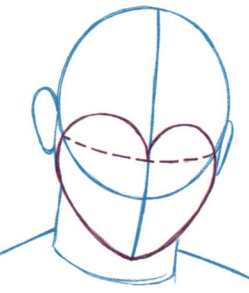

3 Esboce el cuello
y los hombros.

4 Con tinta, dibuje los ojos y
las cejas dentro del corazón.
Vaya borrando las guías a
medida que avanza.

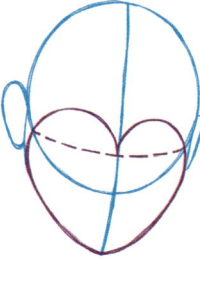

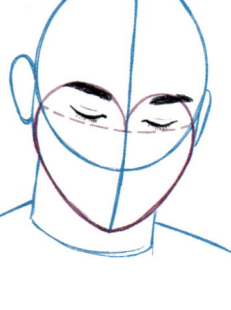

5 Haga la nariz justo donde
se cruzan las líneas guía.
Debajo, añada la boca.

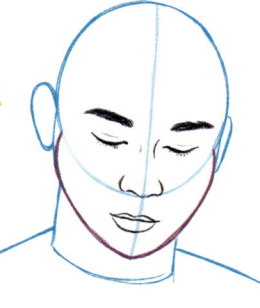

70

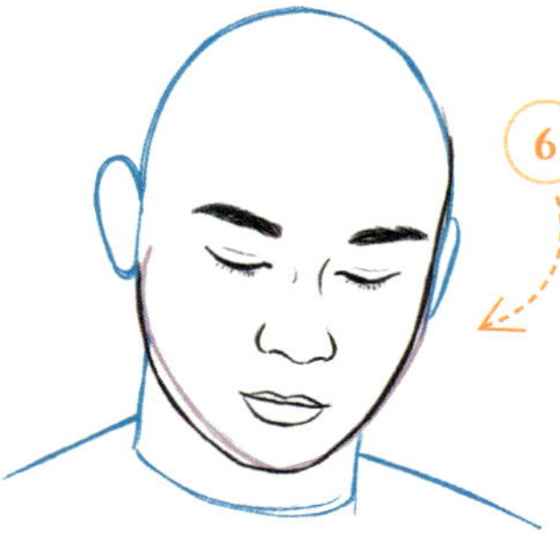

6 Empiece a dibujar el contorno de la cara.

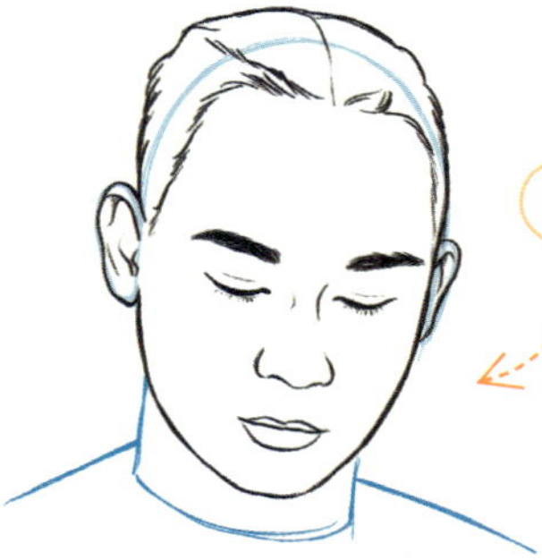

7 Agregue las orejas y el pelo.

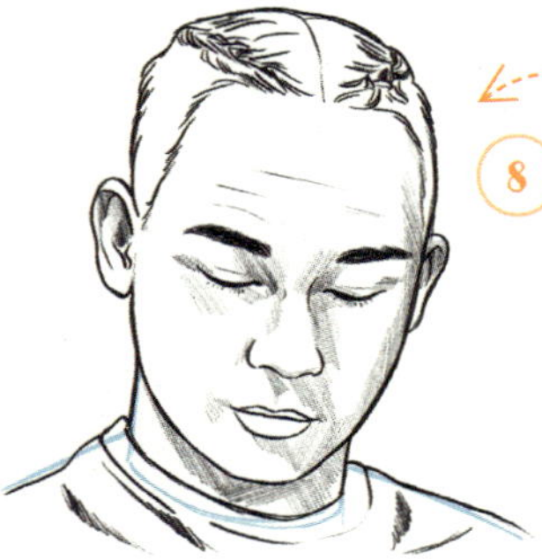

8 Haga los detalles del cuello y los hombros. Fíjese dónde incide la luz y agregue las sombras.

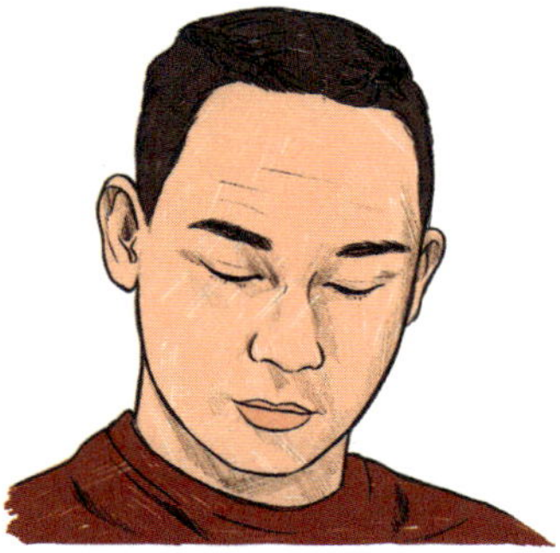

9 Empiece a pintar el dibujo.

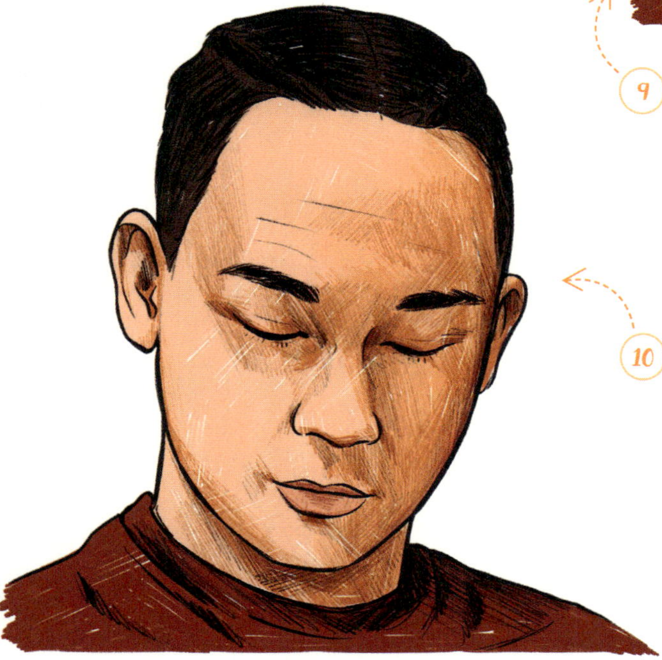

10 Por último, añada más sombras utilizando tonos más oscuros.

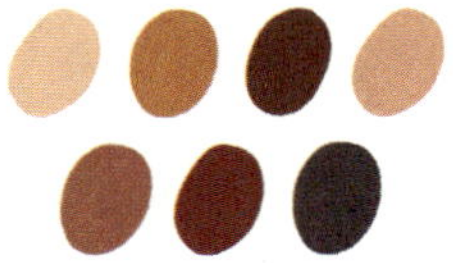

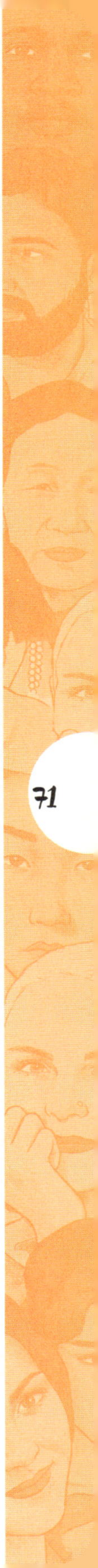

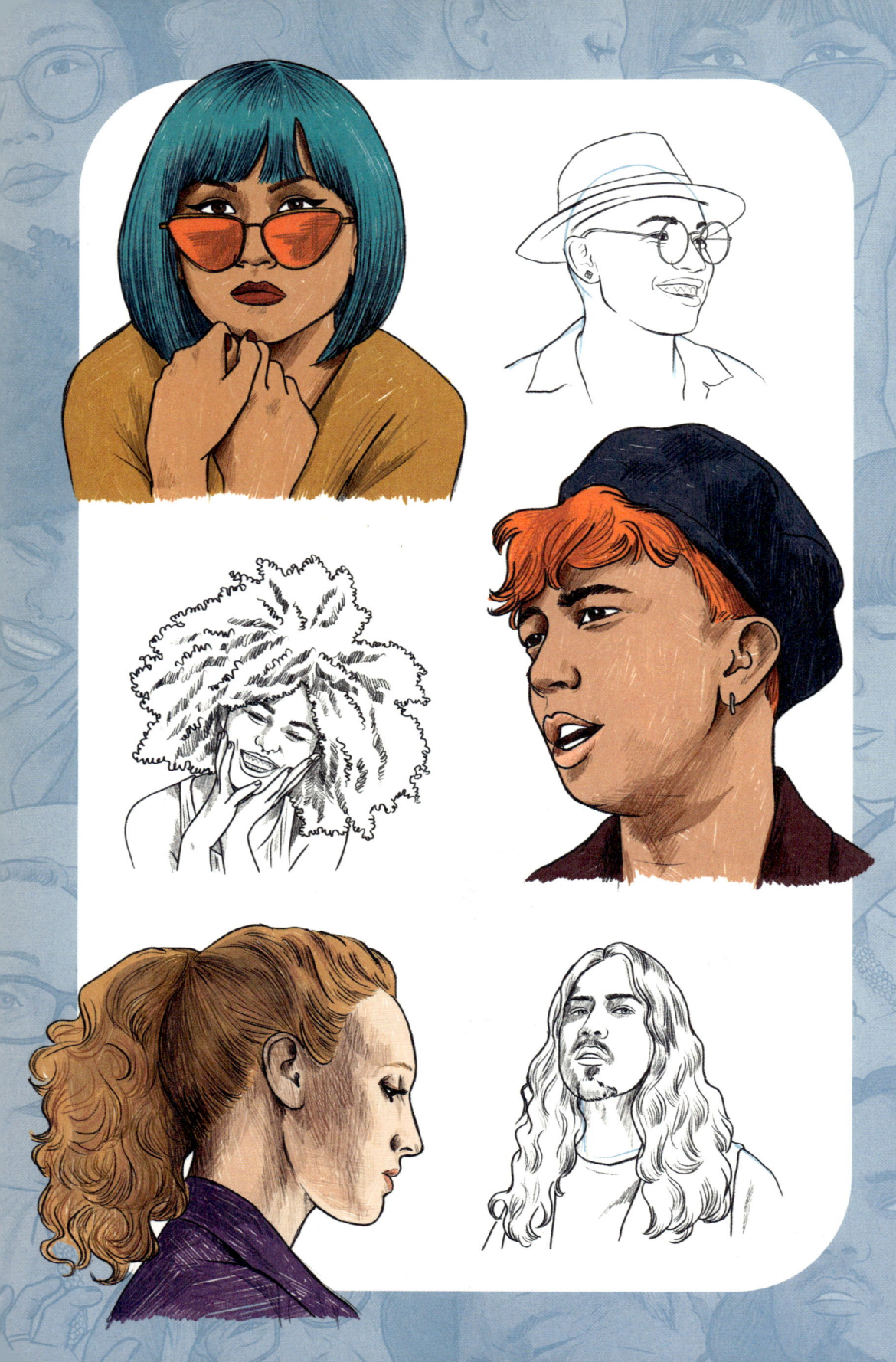

Expresiones y posturas

Barbilla alzada

Esta clásica postura con la barbilla alzada es atrevida, favorecedora y transmite seguridad.

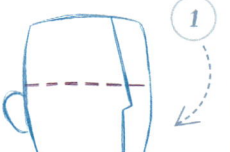

1 Trace una forma parecida a un cuadrado. Agregue una línea horizontal discontinua que la atraviesen por el centro. Haga una línea vertical que tenga una pequeña curva justo por debajo de la línea discontinua. Esta curva será la guía para la nariz. Añada un óvalo pequeño debajo de la línea discontinua para situar la oreja.

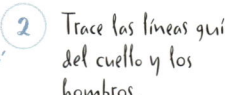

2 Trace las líneas guía del cuello y los hombros.

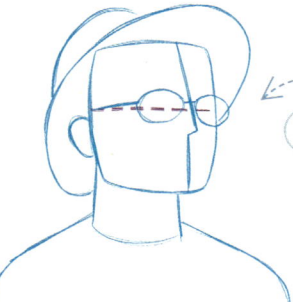

3 Esboce las gafas en la línea discontinua y luego el contorno del sombrero.

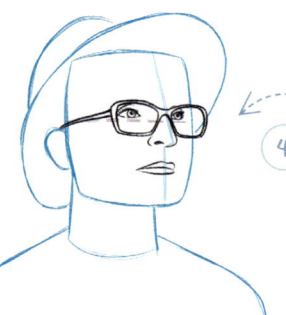

4 Con tinta, empiece dibujando las gafas, ya que quedan superpuestas a los ojos. Después agregue la nariz y la boca en la línea guía vertical.

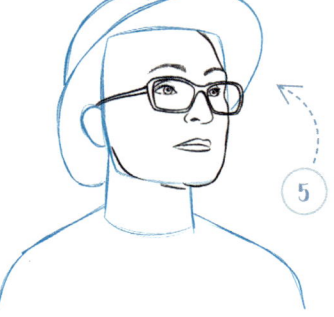

5 Con tinta, dibuje el contorno de la cara. Vaya borrando las guías a medida que avanza.

Nota: Para que el retrato quede más expresivo, puede hacerle una ceja un poco levantada o una sonrisita.

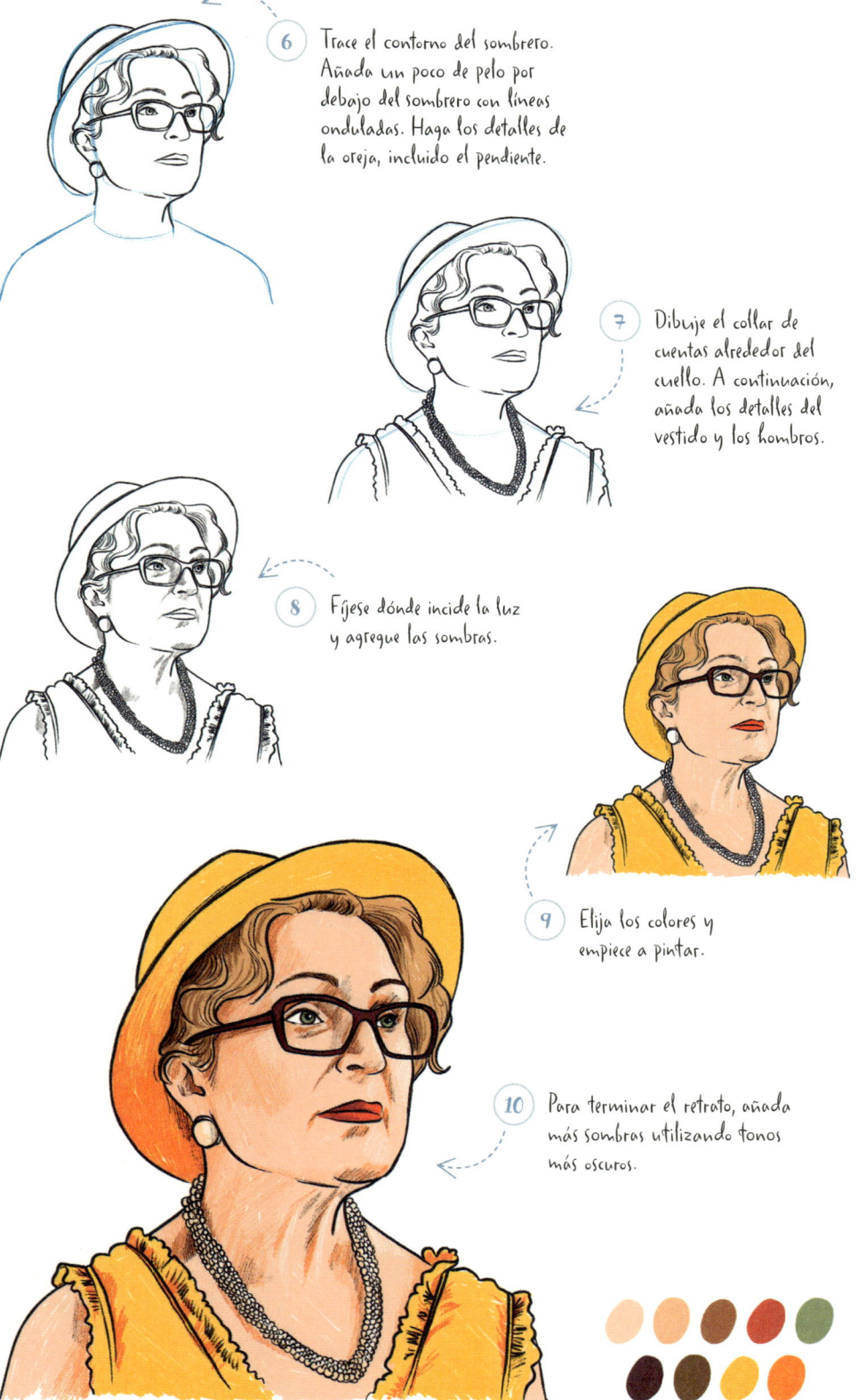

6 Trace el contorno del sombrero. Añada un poco de pelo por debajo del sombrero con líneas onduladas. Haga los detalles de la oreja, incluido el pendiente.

7 Dibuje el collar de cuentas alrededor del cuello. A continuación, añada los detalles del vestido y los hombros.

8 Fíjese dónde incide la luz y agregue las sombras.

9 Elija los colores y empiece a pintar.

10 Para terminar el retrato, añada más sombras utilizando tonos más oscuros.

Posando

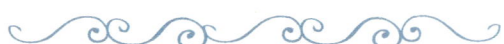

Cohibida pero tranquila, esta postura
ligeramente distante no revela nada.

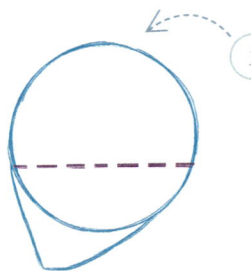

1 Esboce la cabeza con un círculo. Agregue
una línea horizontal discontinua que divida
un tercio de la parte inferior. Debajo del
círculo, haga una «V» redondeada para
formar la mandíbula.

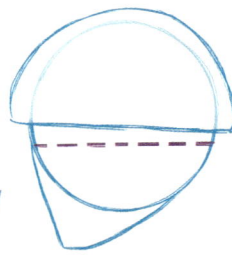

2 Esboce un semicírculo
encima de la cabeza:
le servirá de guía para
el pelo.

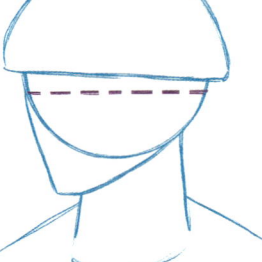

3 Borre la parte del
círculo guía que
queda dentro del
pelo. Esboce el cuello
y los hombros.

Nota:
Las cejas quedarán casi
del todo escondidas
debajo del pelo, así que
no hace falta que
las dibuje.

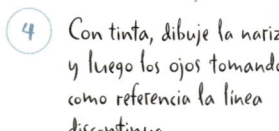

4 Con tinta, dibuje la nariz
y luego los ojos tomando
como referencia la línea
discontinua.

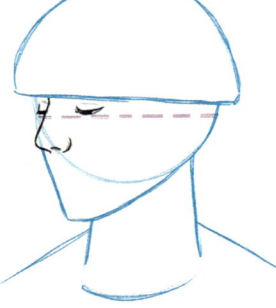

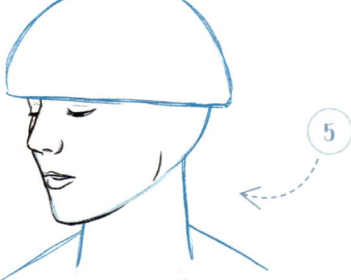

5 Añada la boca y trace el
contorno de la cara. Vaya
borrando las guías a medida
que avanza.

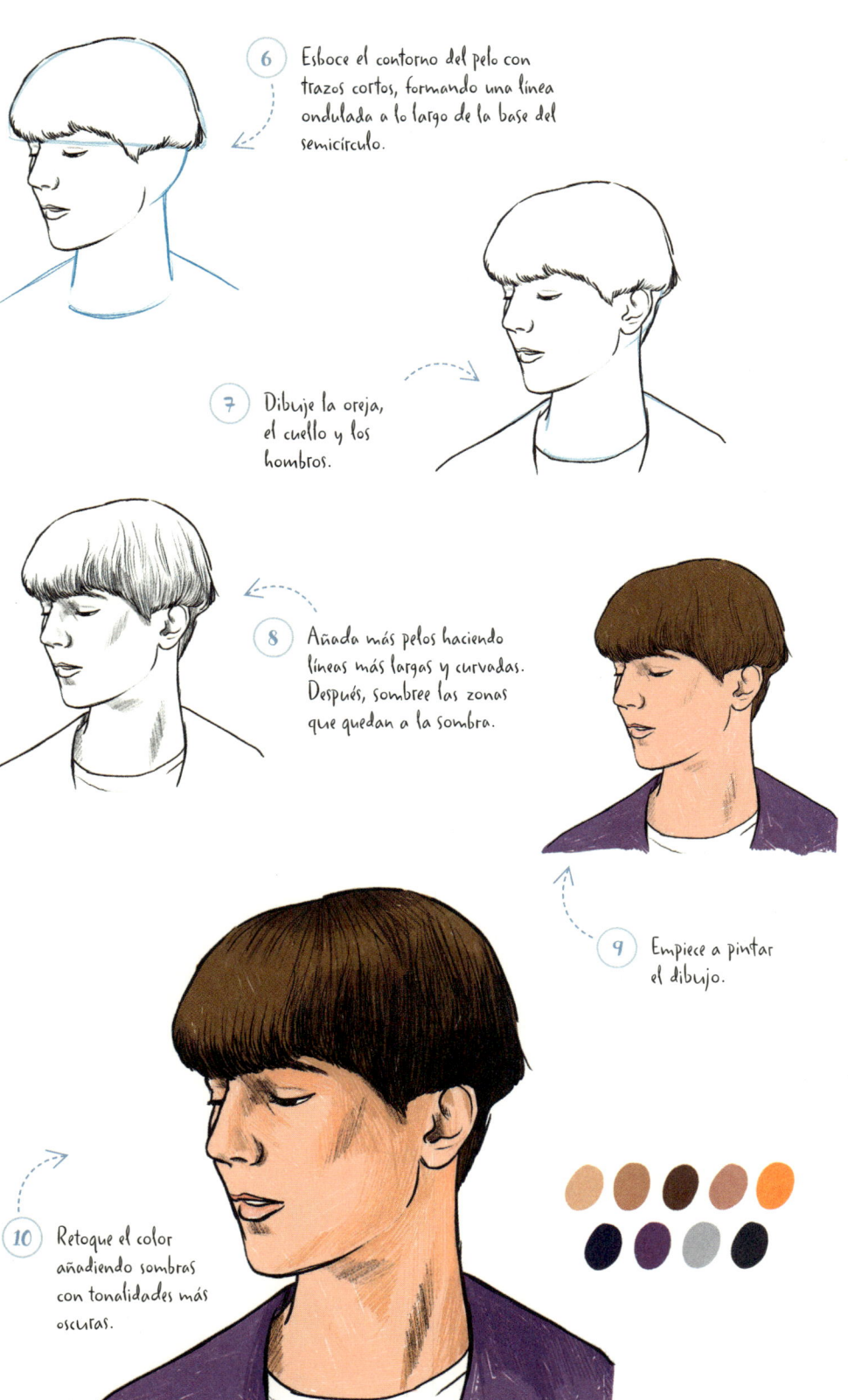

6 Esboce el contorno del pelo con trazos cortos, formando una línea ondulada a lo largo de la base del semicírculo.

7 Dibuje la oreja, el cuello y los hombros.

8 Añada más pelos haciendo líneas más largas y curvadas. Después, sombree las zonas que quedan a la sombra.

9 Empiece a pintar el dibujo.

10 Retoque el color añadiendo sombras con tonalidades más oscuras.

Mirada de soslayo

Esta es una postura estupenda, un poco a la defensiva
pero con un aire provocador.

1 Trace la cara con un
círculo. Encima, añada
una «U» al revés para
crear la frente.

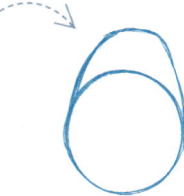

2 Haga una línea guía vertical
un poco curva desde la parte
superior del boceto hasta la
base. Esboce los ojos, la nariz
y la boca tomando las guías
como referencia.

3 Dibuje el contorno del pelo
con líneas onduladas largas
y sueltas. Agregue las líneas
del cuello y del hombro.

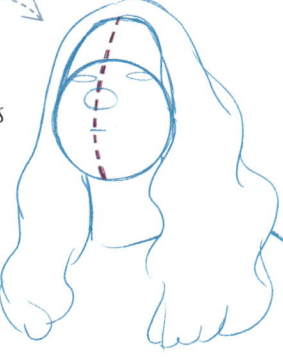

4 Con tinta, dibuje los ojos
y las cejas en la parte
superior del círculo guía.

5 Haga la nariz y la boca
tomando la línea vertical
como referencia. Vaya borrando
las guías a medida que avanza.

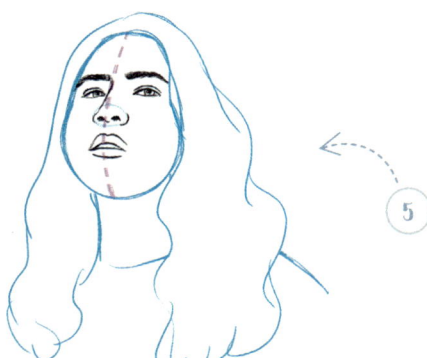

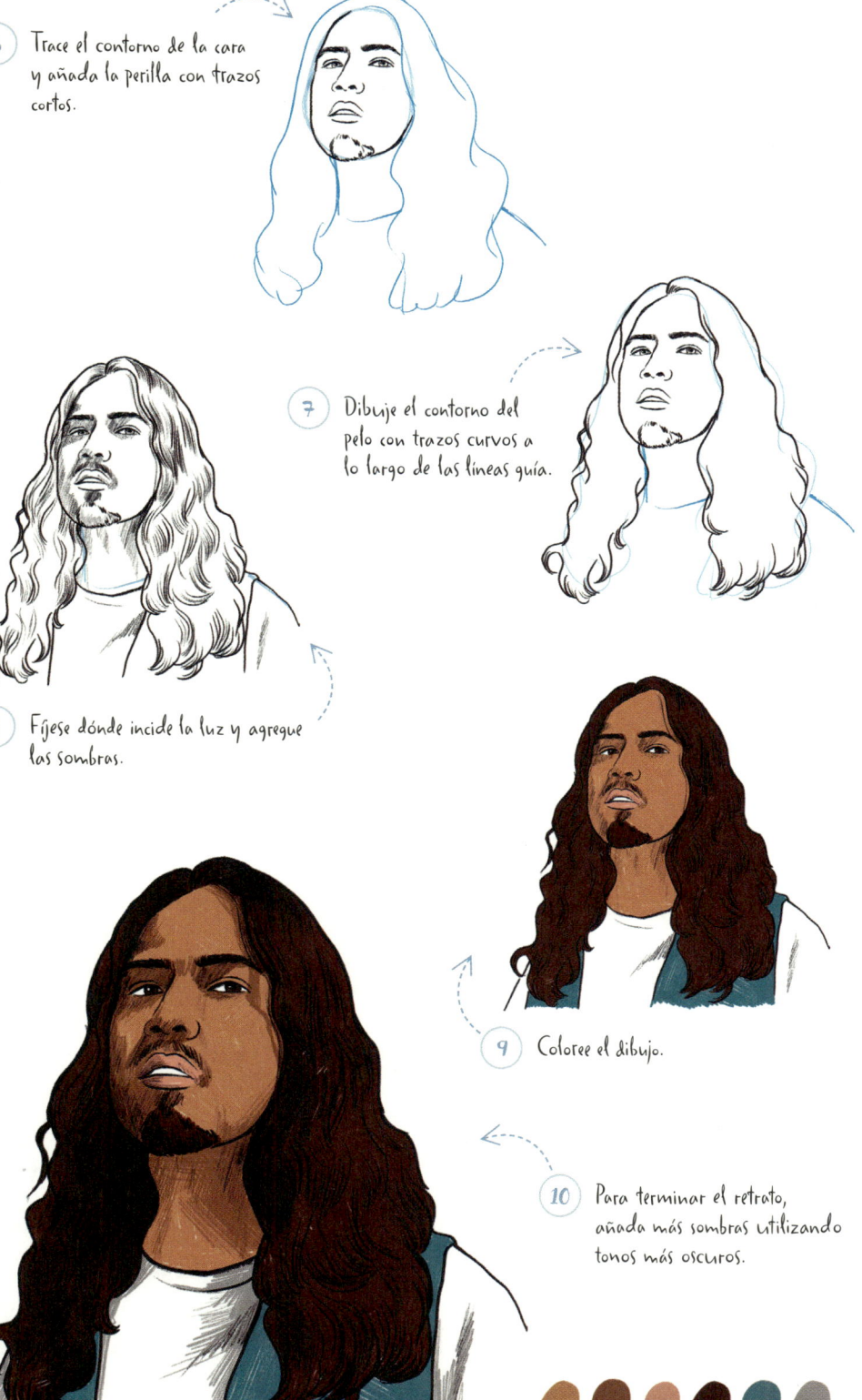

6 Trace el contorno de la cara y añada la perilla con trazos cortos.

7 Dibuje el contorno del pelo con trazos curvos a lo largo de las líneas guía.

8 Fíjese dónde incide la luz y agregue las sombras.

9 Coloree el dibujo.

10 Para terminar el retrato, añada más sombras utilizando tonos más oscuros.

¡Paz y amor!

El signo de la paz, que antes era solo de victoria,
hoy día también sugiere diversión y ternura.

1. Esboce la cara con un círculo. Añada una una «U» para formar la mandíbula y luego una línea vertical curva desde la parte superior del boceto hasta la base.

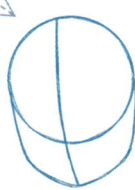

2. Haga una línea horizontal discontinua que atraviese el círculo por el centro. Esboce la forma del pelo y el cuello.

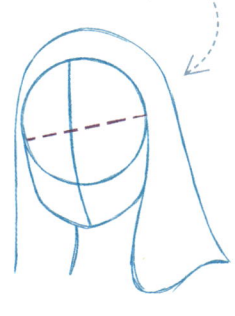

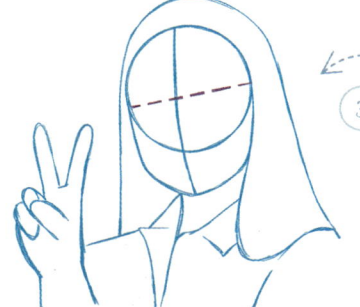

3. Haga el contorno de la mano y la camisa.

4. Con tinta, dibuje la ojos sobre línea discontinua. Agregue la nariz y la boca tomando como referencia la línea guía vertical. Añada un lunar en una mejilla. Vaya borrando las guías a medida que avanza.

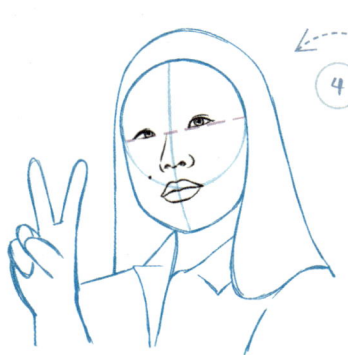

5. Dibuje las gafas alrededor de los ojos y las cejas por encima. Trace el contorno de la gorra.

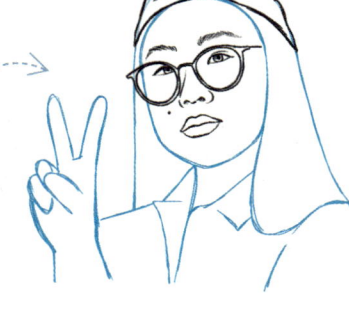

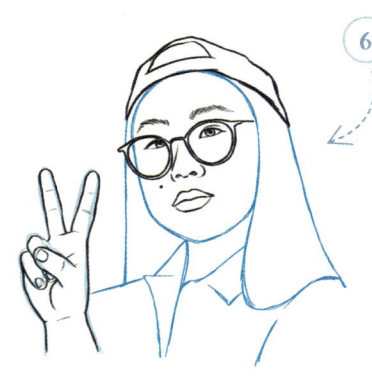

6 Dibuje la mano siguiendo las líneas guía.

7 Haga el contorno del pelo.

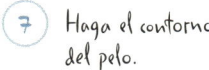

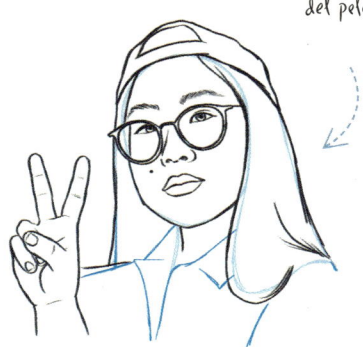

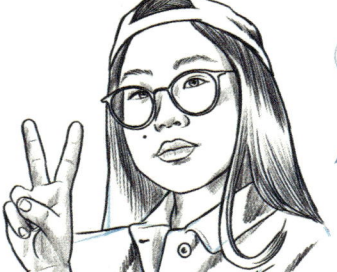

8 Dibuje el pelo con una serie de líneas rectas. Determine las zonas que quedan iluminadas y déjelas en blanco. Haga las sombras.

9 Empiece a pintar el dibujo.

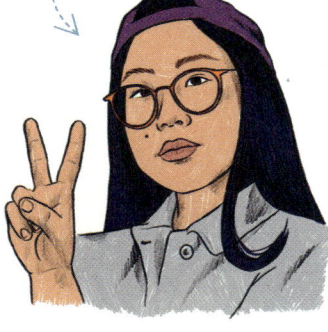

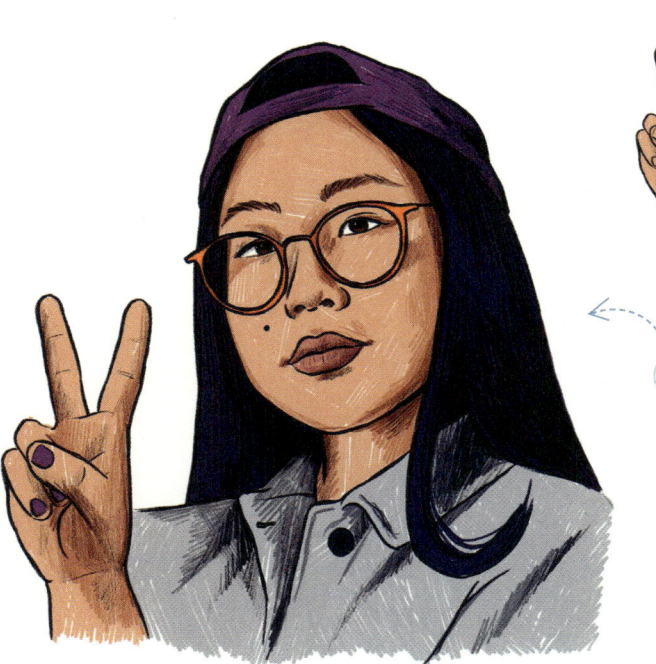

10 Por último, añada más sombras utilizando tonos más oscuros.

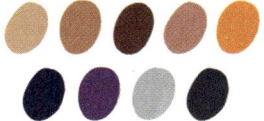

Sabiduría

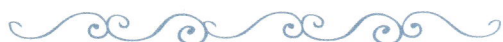

Los rasgos de la gente mayor, que están rodeados de las finas arrugas que se hunden en la piel envejecida, pueden ser complicados de dibujar.

1 Esboce la cara con un círculo. Agregue dos líneas horizontales discontinuas que lo atraviesen por el centro.

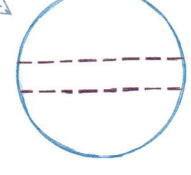

2 Añada una forma debajo para crear la mandíbula. Dentro del círculo, junto al borde derecho, haga un óvalo, que será la oreja.

3 Trace la forma del pelo encima de la cabeza. Esboce la nariz con un triángulo.

4 Termine en boceto a lápiz añadiendo el cuello y los hombros.

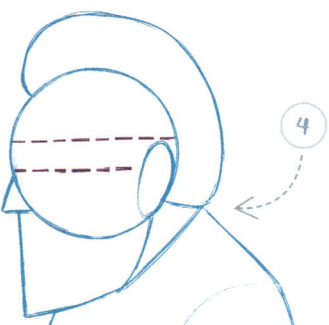

5 Con tinta, dibuje el ojo y la ceja entre las líneas discontinuas. Vaya borrando las guías a medida que avanza.

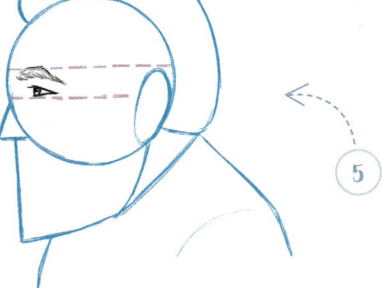

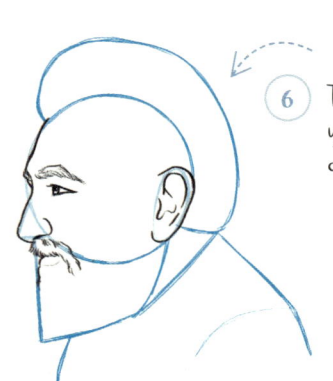

6 Trace el contorno de la cara y la oreja. Dibuje el bigote con una serie de trazos cortos.

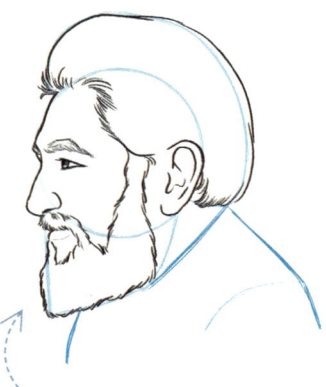

7 Añada el contorno del pelo y la barba.

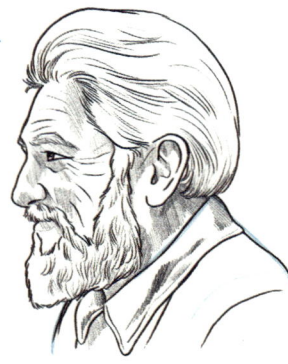

8 Haga los detalles del pelo, la barba y la ropa. Prestando atención a los detalles, añada algunas líneas curvas finas en la piel para sugerir la edad de la persona. Agregue las sombras.

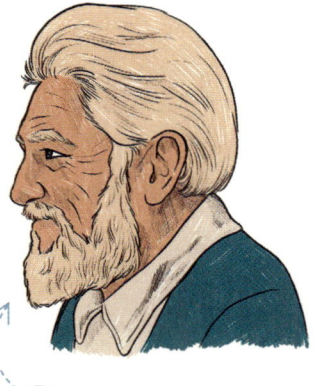

9 Pinte la piel, el ojo, el pelo y la ropa.

10 Para terminar el retrato, añada más sombras utilizando tonos más oscuros.

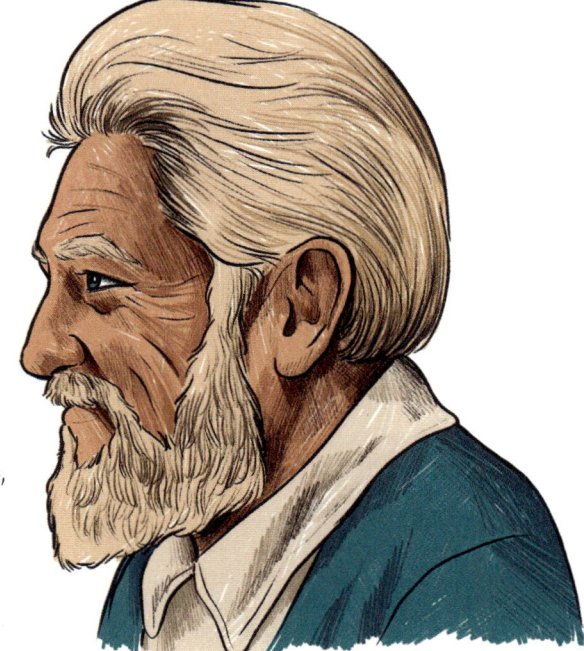

Decaimiento

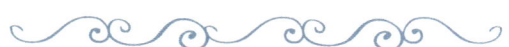

La elevada cola de caballo contrasta con la expresión alicaída,
que se acentúa con los tonos oscuros de la mejilla.

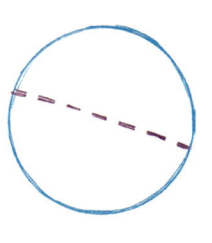

1 Esboce la cara con un círculo.
Divídalo con una línea diagonal
discontinua.

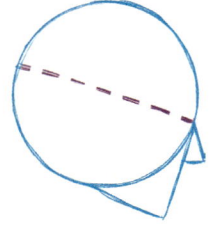

2 Añada dos triángulos en
la parte inferior derecha
del círculo: el de arriba
será la mandíbula y el otro
la nariz.

84

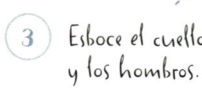

3 Esboce el cuello
y los hombros.

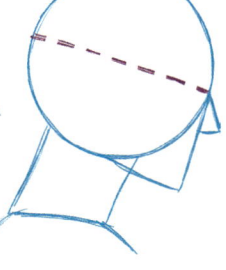

4 Trace la línea guía
de la cola de caballo.

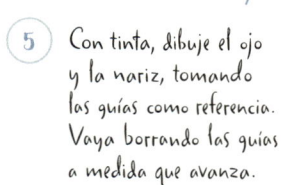

5 Con tinta, dibuje el ojo
y la nariz, tomando
las guías como referencia.
Vaya borrando las guías
a medida que avanza.

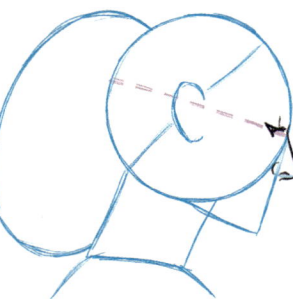

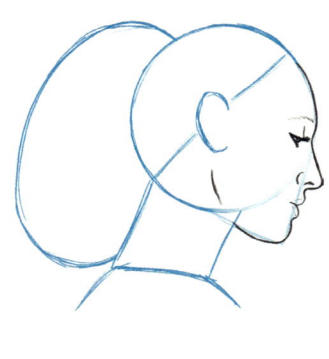

6 Haga el contorno de la cara.

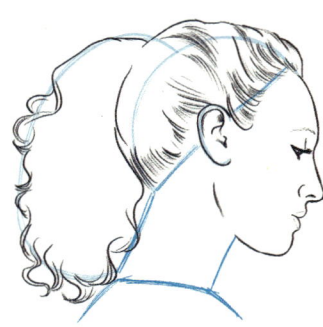

7 Dibuje la oreja. Agregue el pelo utilizando una mezcla de trazos ondulados y rizados.

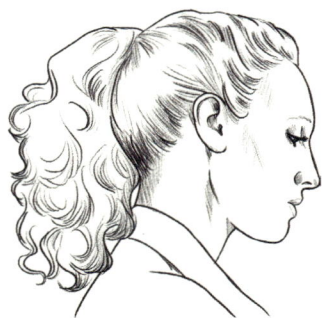

8 Añada más rizos en la cola. Fíjese dónde incide la luz y agregue las sombras.

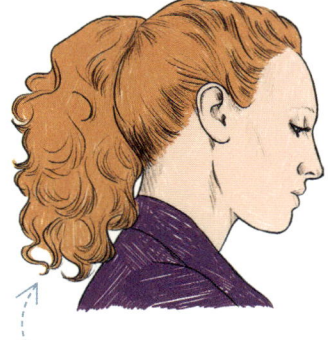

9 Empiece a pintar el dibujo.

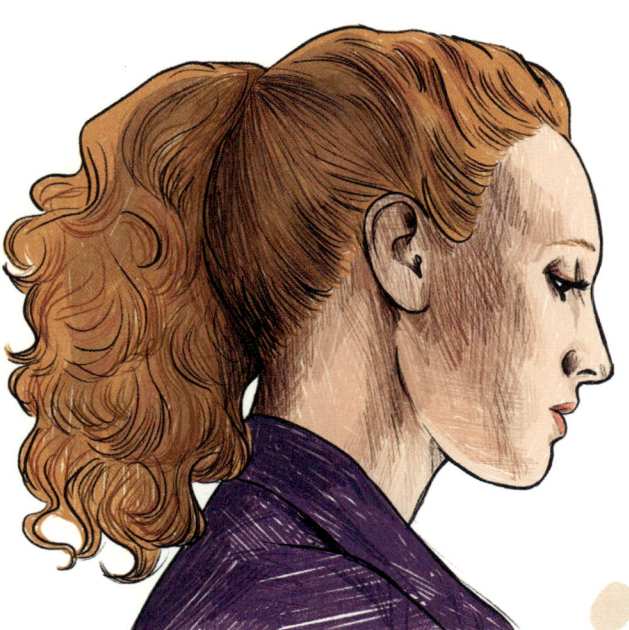

10 Por último, añada más sombras utilizando tonos más oscuros.

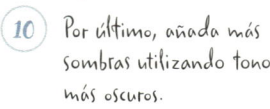

Pose reflexiva

Esta postura tan interesante, con la cabeza apoyada en la mano y la mirada perdida, sugiere un momento de reflexión.

1. Esboza el contorno de la cara, tal como se muestra. Divida la forma por el centro con una línea guía vertical y una horizontal discontinua. Añada un óvalo a la derecha para situar la oreja.

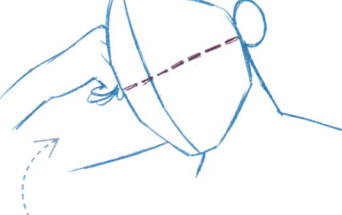

2. Haga las guías del cuello y los hombros. Esboce la mano en la que se apoya la cabeza.

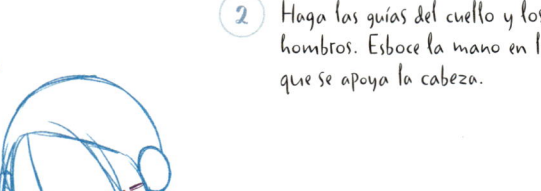

3. Trace el contorno del pelo, incluidas las dos formas largas y finas que serán las trenzas.

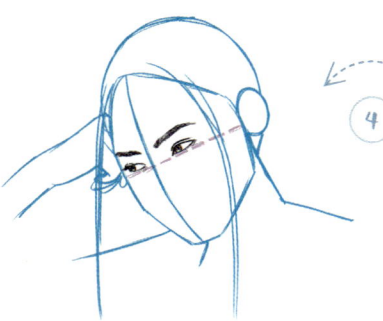

4. Con tinta, dibuje los ojos y las cejas sobre la línea discontinua. Vaya borrando las guías a medida que avanza.

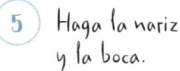

5. Haga la nariz y la boca.

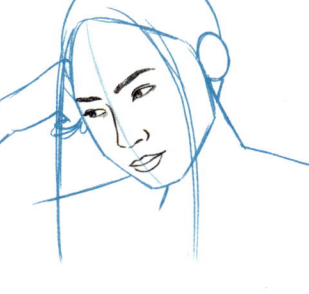

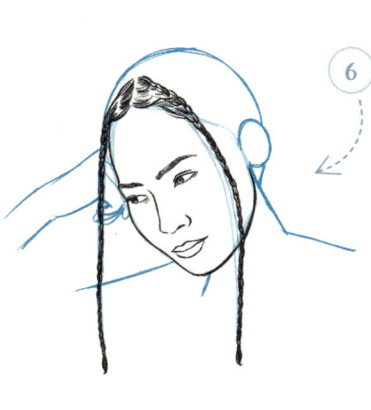

6 Dibuje las dos trenzas, una a cada lado de la cara, haciendo pares de trazos curvos cada vez más pequeños. Con tinta, dibuje el contorno de la cara.

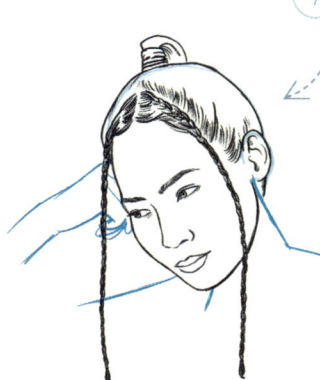

7 Siga con el cabello. Trace el contorno de la parte superior de la cabeza y el fragmento de la cola que sale de un grueso coletero. Dibuje la oreja.

8 Haga la mano, el cuello, los hombros y los tirantes. Fíjese dónde incide la luz y agregue las sombras.

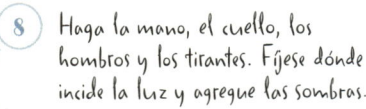

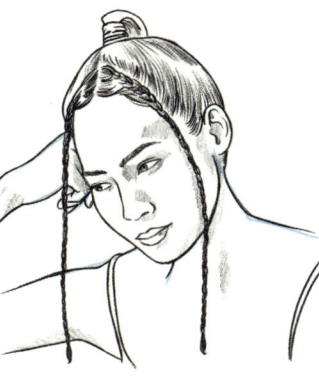

9 Pinte la piel, el pelo y el maquillaje de los colores que desee.

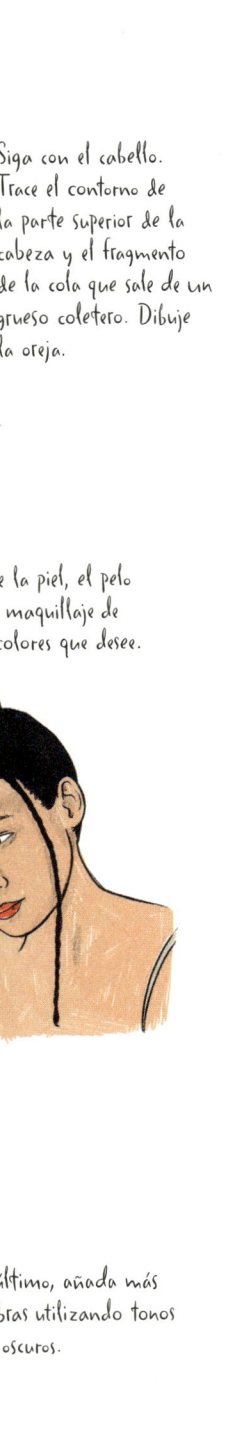

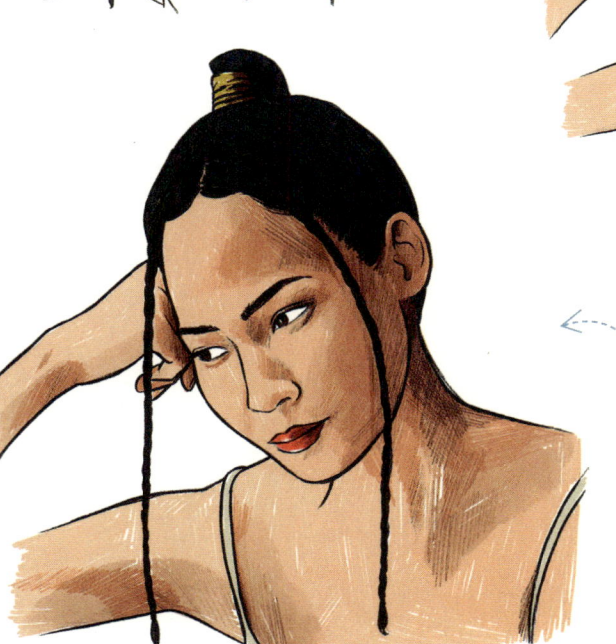

10 Por último, añada más sombras utilizando tonos más oscuros.

Felicidad

En esta expresión tan alegre, la risa afecta
a toda la cara, no solo la boca.

1 Esboce la cara con un
círculo. Divídalo por la
mitad con una línea
diagonal discontinua.

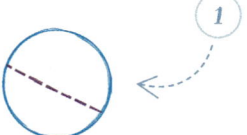

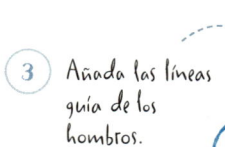

2 Dibuje la forma
de las manos.

3 Añada las líneas
guía de los
hombros.

4 Cree el contorno
del pelo rizado.

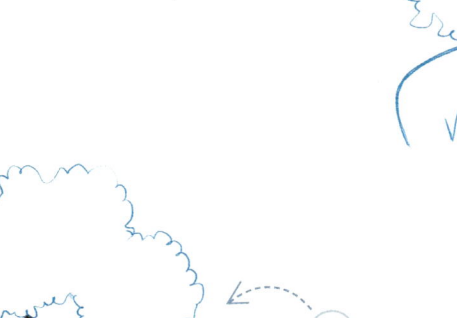

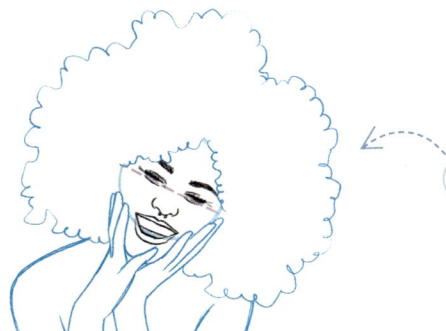

5 Con tinta, dibuje los sonrientes
ojos, las cejas, la nariz con el
piercing y la boca que ríe,
tomando las líneas guía como
referencia. Vaya borrando las
guías a medida que avanza.

6 A continuación, haga el contorno del pelo con trazos muy rizados y añada más rizos en el interior.

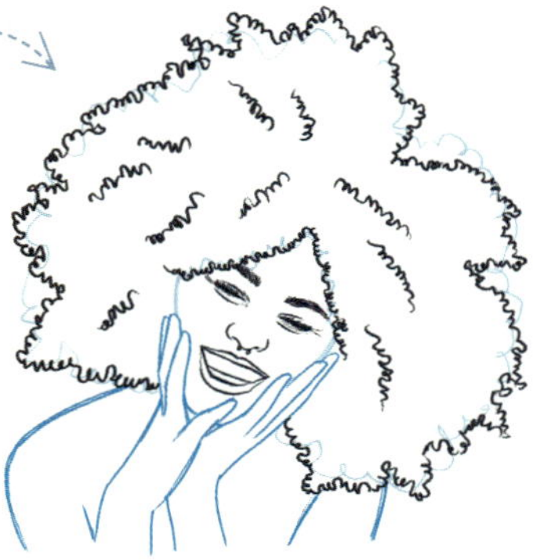

7 Dibuje las manos, los hombros y la ropa.

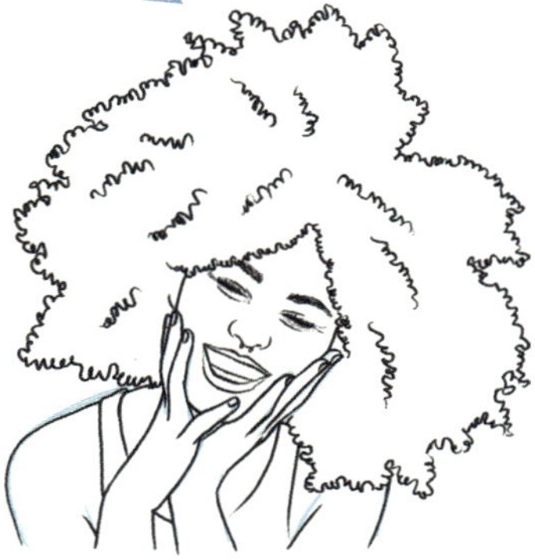

8 Haga las sombras, incluidas las que quedan entre los rizos y en la parte trasera del pelo.

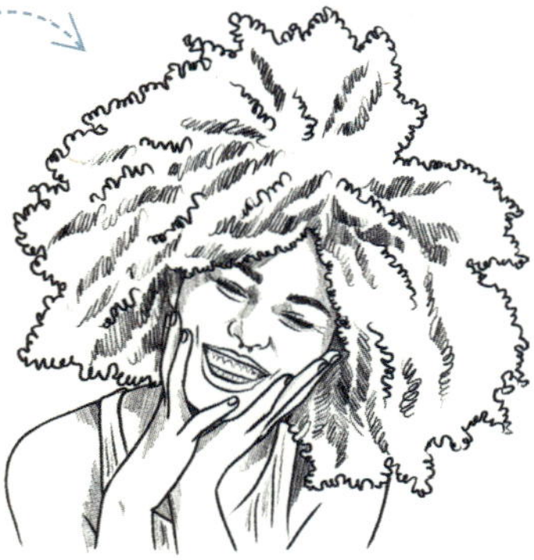

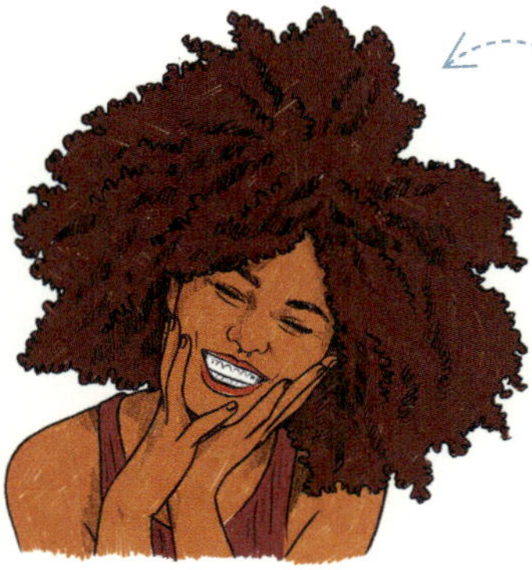

9 Comience a pintar el dibujo.

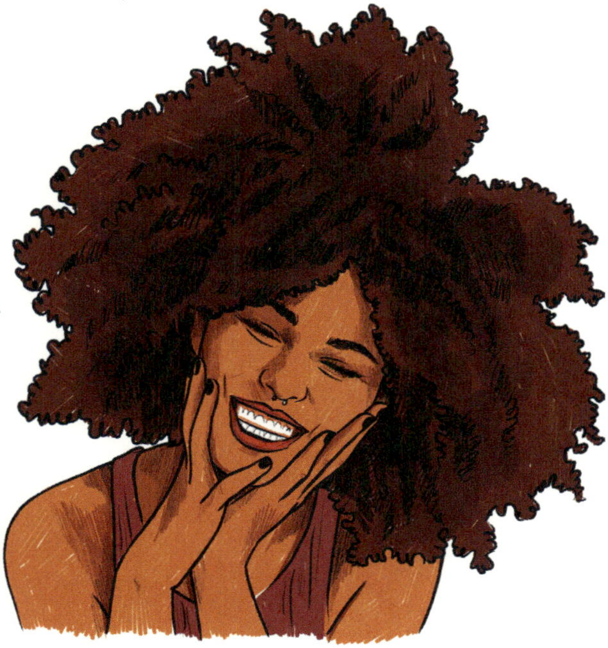

10 Por último, añada más sombras utilizando tonos más oscuros.

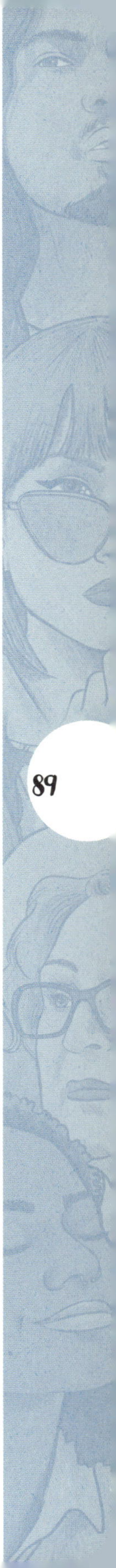

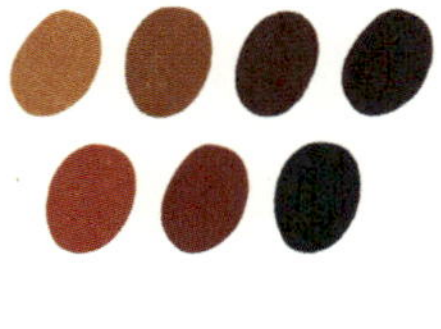

El cantante

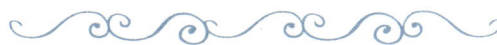

Para dibujar este pose rebelde, con la cabeza de lado,
será esencial que reproduzca correctamente la perspectiva.

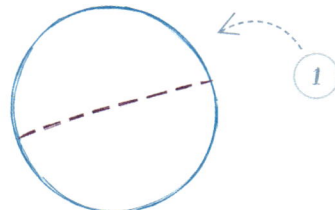

1 Esboce la cara con un
círculo. Divídalo por la
mitad con una línea
diagonal discontinua.

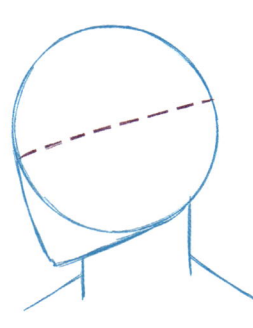

2 Debajo a la izquierda, haga
una «V» para formar la
mandíbula. Dibuje las líneas
del cuello y los hombros.

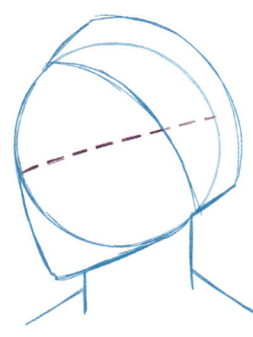

3 Esboce el contorno del gorro
encima del círculo guía.

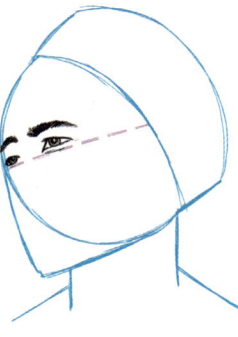

4 Con tinta, dibuje los ojos y las cejas sobre
la línea discontinua. Vaya borrando las
guías a medida que avanza.

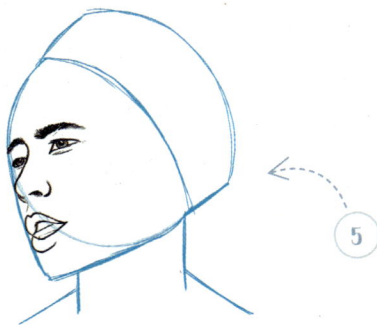

5 Haga la nariz y la boca,
prestando atención a la perspectiva.

6 Dibuje el contorno de la cara y luego, con trazos curvos y sueltos, el pelo de la frente.

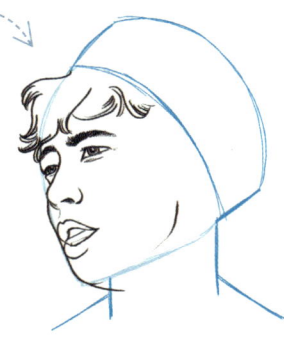

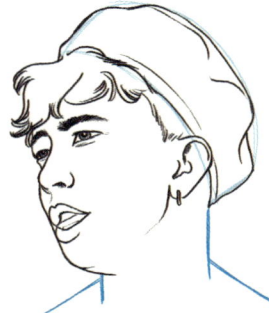

7 Agregue el pelo del lado de la cara y la oreja con el pendiente. Añada el gorro.

8 Fíjese dónde incide la luz y agregue las sombras.

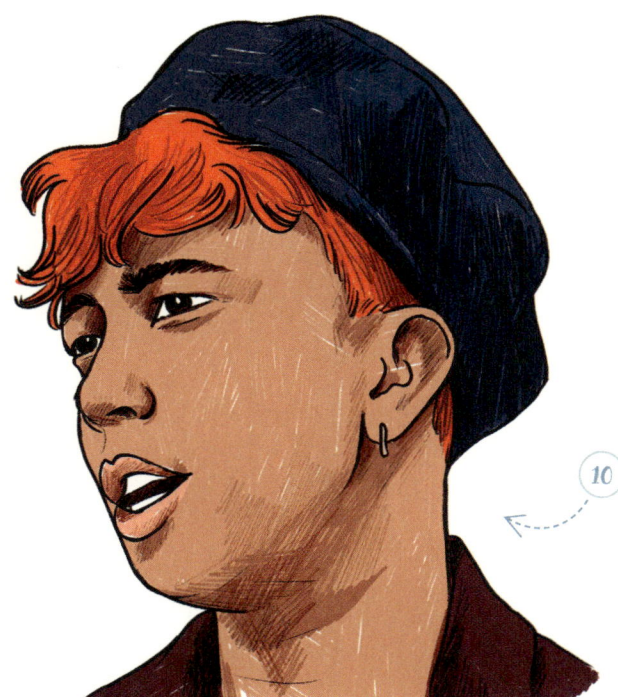

9 Pinte el dibujo; haga el pelo del color que desee.

10 Para terminar el retrato, añada más sombras utilizando tonos más oscuros.

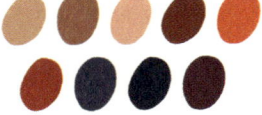

Peinado con personalidad

En esta postura tan interesante, la mirada directa llena de confianza y aplomo queda equilibrada con el gesto cohibido de las manos junto a la barbilla.

(1) Trace un círculo que represente la cabeza y, debajo, esboce la mandíbula con una forma de cuatro lados.

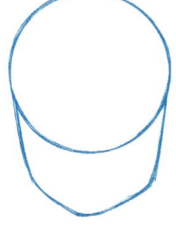

(2) Divida el boceto por la mitad con una línea vertical y añada una horizontal discontinua en la mitad inferior del círculo.

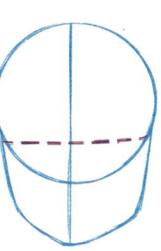

(3) Esboce el contorno de las manos ligeramente superpuestas a la barbilla.

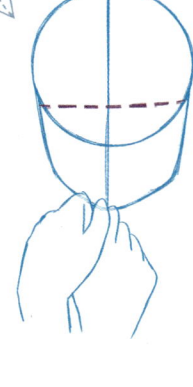

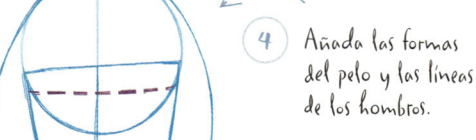

(4) Añada las formas del pelo y las líneas de los hombros.

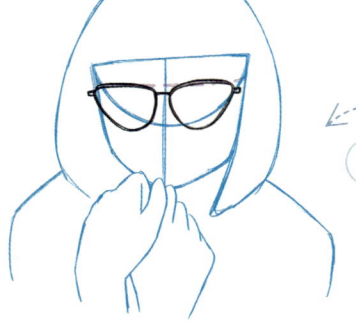

(5) Con tinta, dibuje las gafas, tomando la línea discontinua como referencia. Vaya borrando las guías a medida que avanza.

6 A continuación, haga los ojos, las cejas, la nariz y la boca.

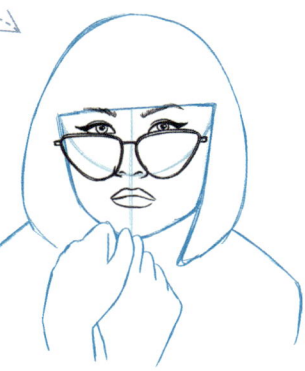

7 Trace el contorno del pelo alrededor de la cara. Siga con las manos.

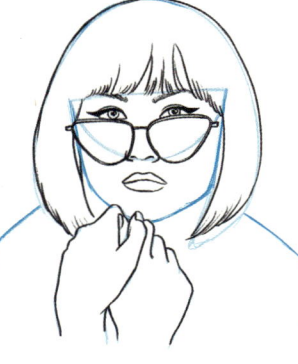

8 Añada más pelos haciendo una serie de trazos largos. Dibuje los hombros y las arrugas de la ropa. Fíjese dónde incide la luz y agregue las sombras.

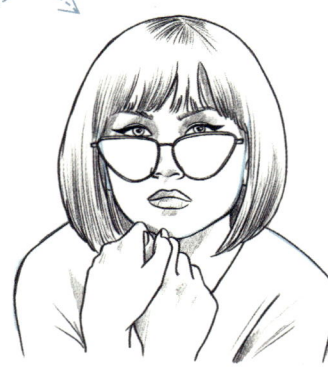

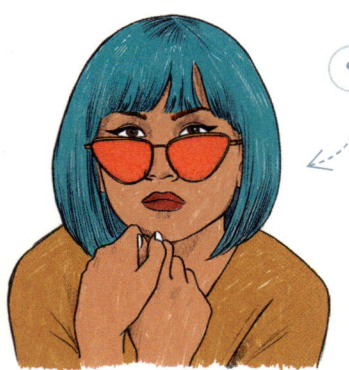

9 Empiece a pintar la piel, los ojos, los labios, el pelo, las gafas y la ropa de los colores que desee.

10 Por último, pinte las uñas. Retoque las sombras utilizando tonalidades más oscuras.

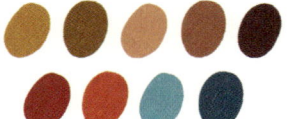
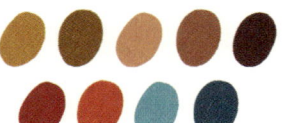

Riendo por lo bajo

El contraste entre el pelo cano, los ojos cerrados con arrugas y la piel curtida crean este retrato tan interesante.

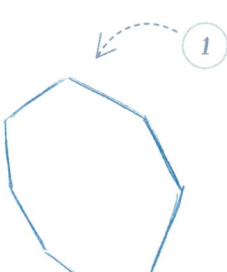

1 Esboce la forma de la cabeza. Como es bastante angulosa, trace líneas rectas para crear un octágono.

2 Divida la forma en tres partes con dos líneas horizontales discontinuas.

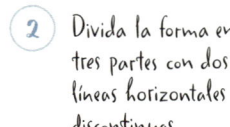

3 Dibuje las guías de la oreja, el cuello y los hombros.

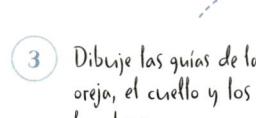

4 Haga también las del pelo y el sombrero.

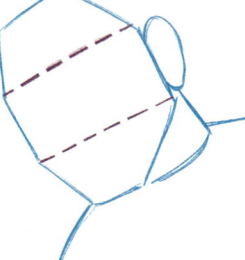

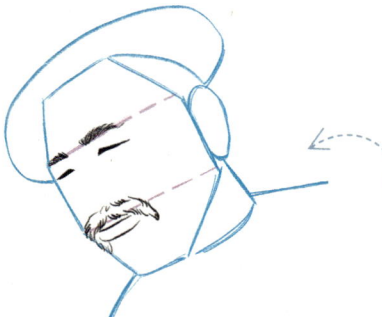

5 Con tinta, dibuje las cejas, los ojos, la boca y el bigote tomando las líneas discontinuas como referencia.

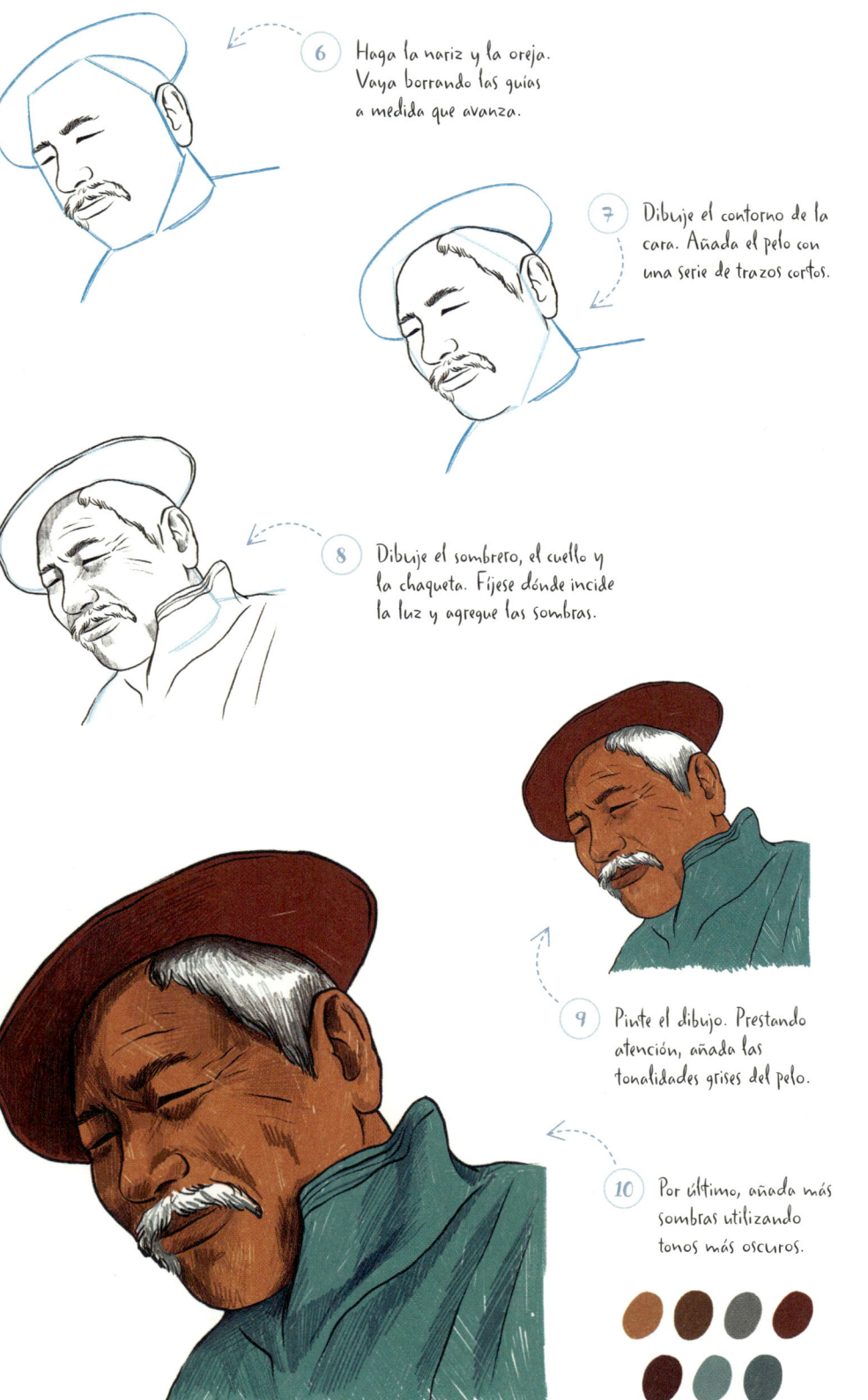

6 Haga la nariz y la oreja. Vaya borrando las guías a medida que avanza.

7 Dibuje el contorno de la cara. Añada el pelo con una serie de trazos cortos.

8 Dibuje el sombrero, el cuello y la chaqueta. Fíjese dónde incide la luz y agregue las sombras.

9 Pinte el dibujo. Prestando atención, añada las tonalidades grises del pelo.

10 Por último, añada más sombras utilizando tonos más oscuros.

95

Manos en el cuello

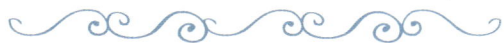

En esta postura, la barbilla se apoya en las manos que agarran el cuello de la ropa, creando una composición interesante.

(1) Esboce la cara con un círculo.

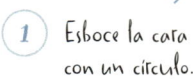

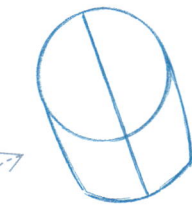

(2) Debajo a la derecha, agregue una forma alargada para situar la mandíbula. Divida el boceto por la mitad con una línea vertical.

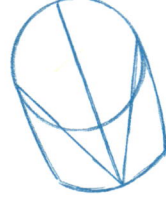

(3) Añada una «V» desde la mitad del círculo hasta la base de la mandíbula.

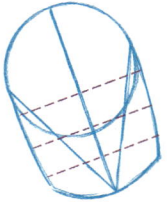

(4) Haga tres líneas discontinuas: le servirán como referencia para colocar los rasgos faciales.

(5) Con tinta, dibuje los ojos, las cejas, la nariz y la boca tomando las guías como referencia.

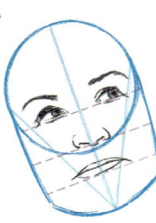

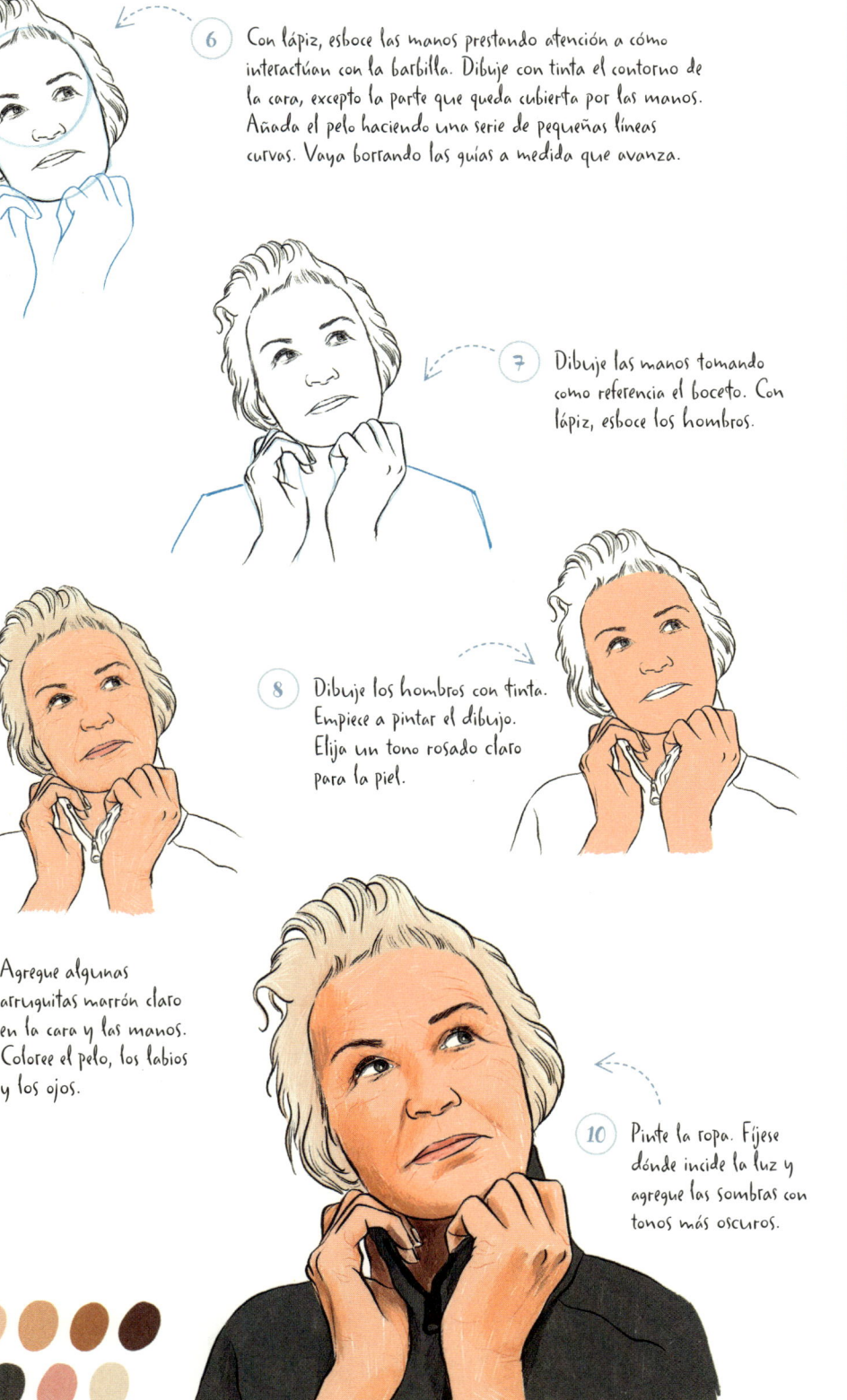

6 Con lápiz, esboce las manos prestando atención a cómo interactúan con la barbilla. Dibuje con tinta el contorno de la cara, excepto la parte que queda cubierta por las manos. Añada el pelo haciendo una serie de pequeñas líneas curvas. Vaya borrando las guías a medida que avanza.

7 Dibuje las manos tomando como referencia el boceto. Con lápiz, esboce los hombros.

8 Dibuje los hombros con tinta. Empiece a pintar el dibujo. Elija un tono rosado claro para la piel.

9 Agregue algunas arruguitas marrón claro en la cara y las manos. Coloree el pelo, los labios y los ojos.

10 Pinte la ropa. Fíjese dónde incide la luz y agregue las sombras con tonos más oscuros.

Mirando hacia atrás

En este retrato, los aros combinan perfectamente con el moño circular, y el gesto de girar la cabeza sobre un hombro da un aire misterioso e intrigante.

1 Esboce la cabeza con un círculo. Añada una línea horizontal discontinua que atraviese la parte inferior del círculo. A la derecha, esboce los ojos con forma de almendra. Divida el círculo con una línea diagonal, que será la guía del pelo.

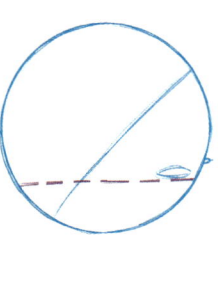

2 Esboce la nariz con una pequeña forma tubular y, debajo, añada una «V» para crear la mandíbula.

3 Para situar el moño, trace un óvalo encima de la cabeza. Dibuje las líneas del cuello y los hombros.

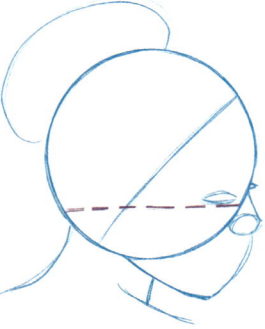

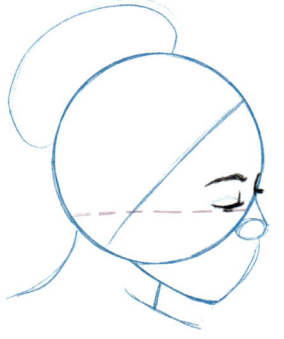

4 Con tinta, dibuje los ojos y las cejas. Del ojo más alejado, solo se ven las pestañas y el inicio de la ceja.

5 Haga la oreja, la nariz y la boca. Vaya borrando las guías a medida que avanza.

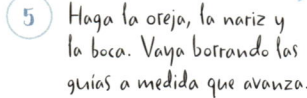

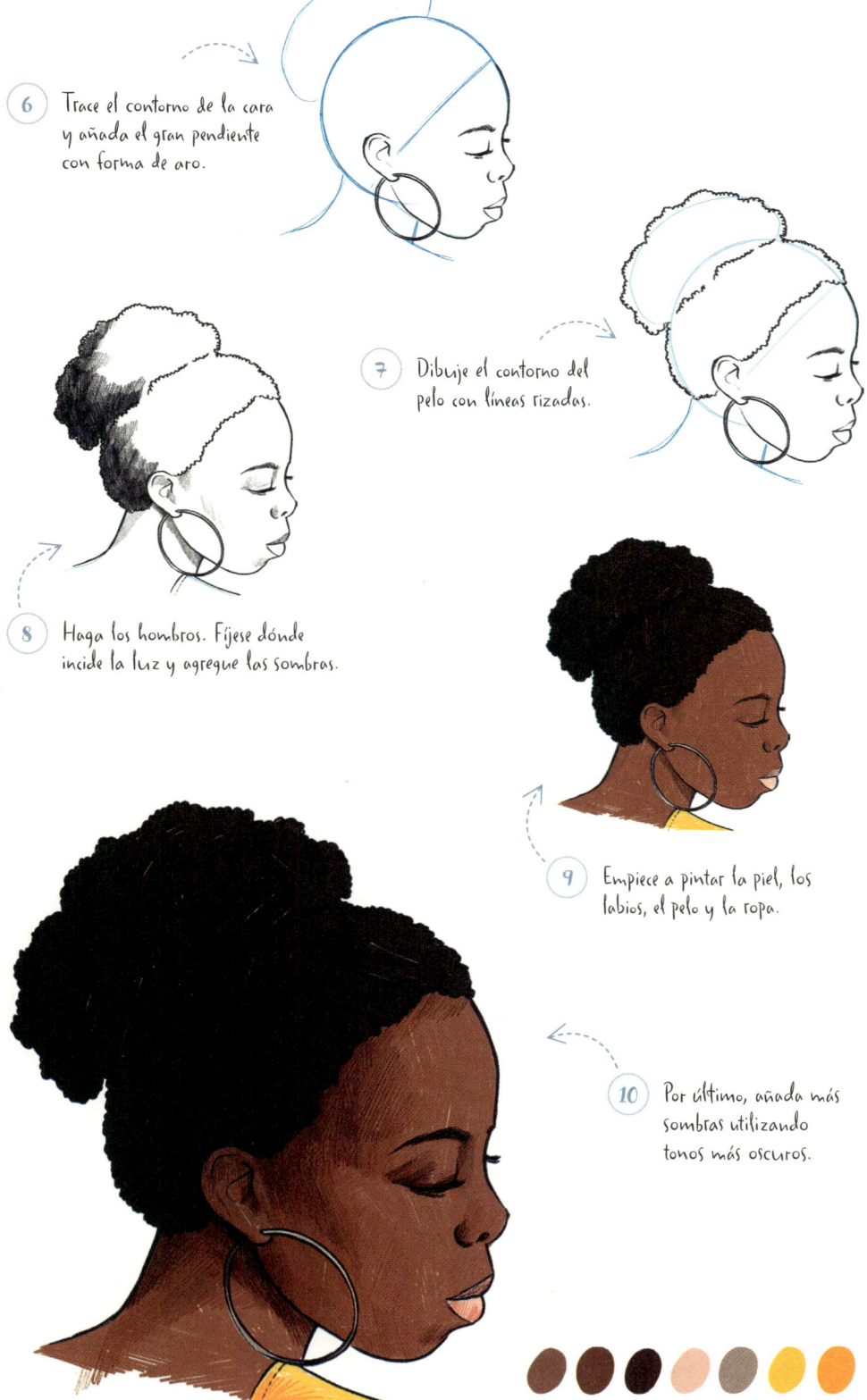

6 Trace el contorno de la cara y añada el gran pendiente con forma de aro.

7 Dibuje el contorno del pelo con líneas rizadas.

8 Haga los hombros. Fíjese dónde incide la luz y agregue las sombras.

9 Empiece a pintar la piel, los labios, el pelo y la ropa.

10 Por último, añada más sombras utilizando tonos más oscuros.

Estilo angular

Los accesorios pueden dar el toque de gracia a un retrato.
En este caso, las formas del sombrero y de la mandíbula se complementan.

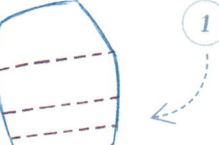

1 Esboce la cara con una forma angular y divídala con tres líneas horizontales discontinuas, tal como se muestra.

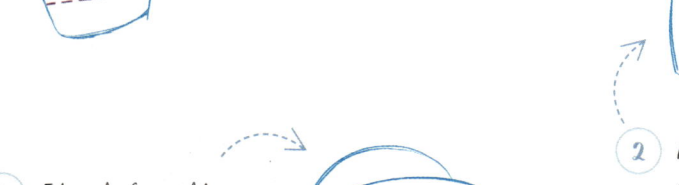

2 Añada una forma larga a cada lado de la cara para hacer el pelo y trace una línea horizontal en la parte superior de la cara para crear el flequillo.

3 Esboce la forma del sombrero y las líneas del cuello y los hombros.

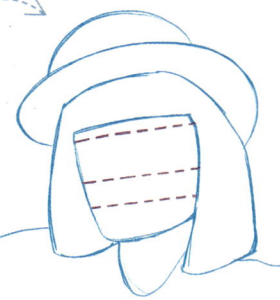

4 Con tinta, dibuje los ojos, la nariz y la boca tomando como referencia las líneas discontinuas. Las cejas quedan escondidas debajo del flequillo. Vaya borrando las guías a medida que avanza.

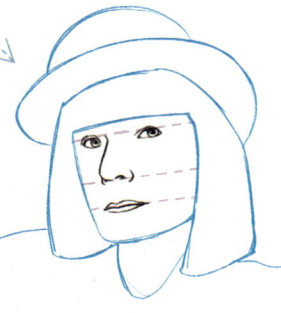

5 Dibuje las gafas y el contorno de la cara. Agregue unas pocas líneas suaves alrededor de los ojos y la boca para crear las arrugas.

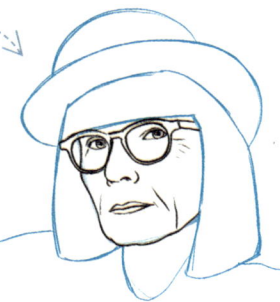

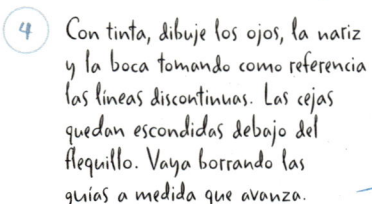

6 Dibuje el pelo alrededor de la cara.

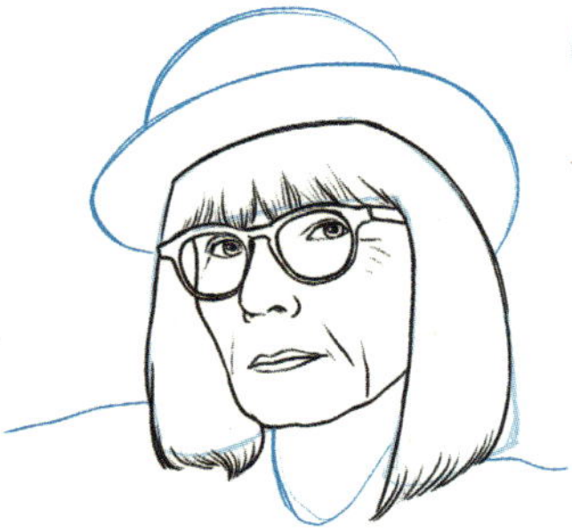

7 Trace el contorno del sombrero, los hombros y el cuello de la ropa.

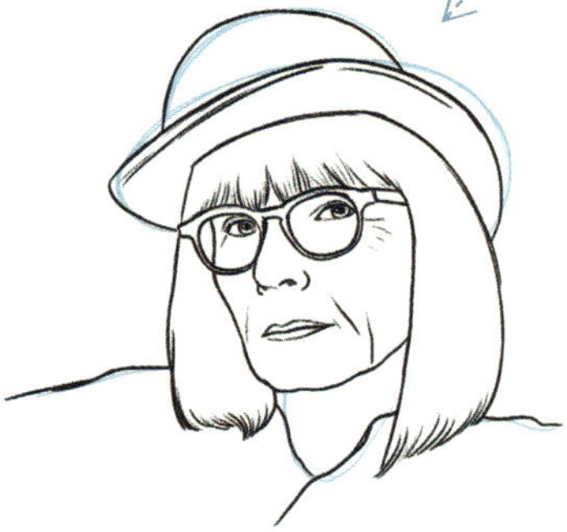

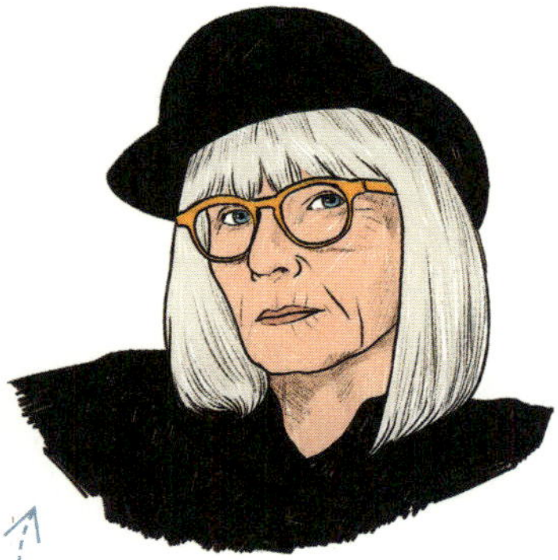

8 Fíjese dónde incide la luz y agregue las sombras.

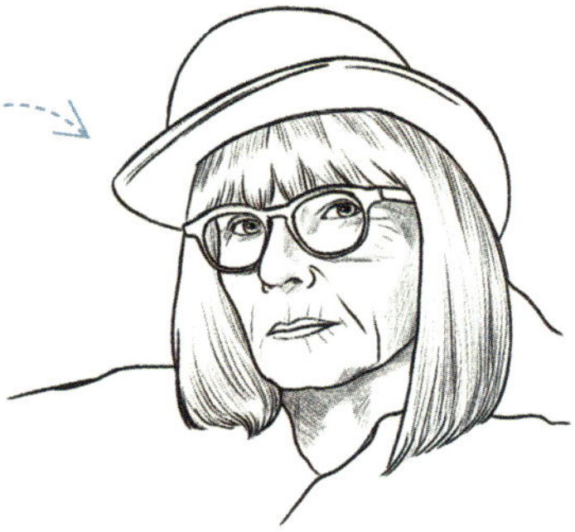

9 Pinte la piel, los ojos, el pelo y la ropa. Elija un color llamativo para las gafas.

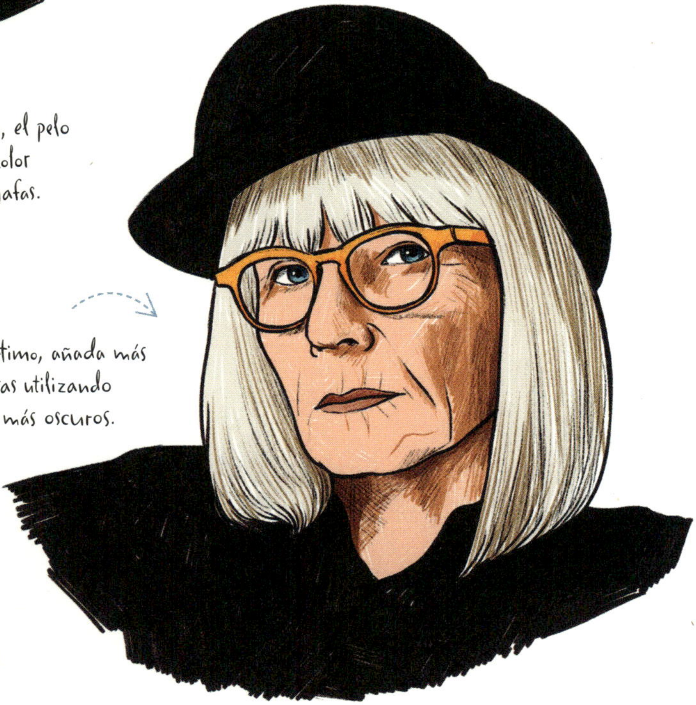

10 Por último, añada más sombras utilizando tonos más oscuros.

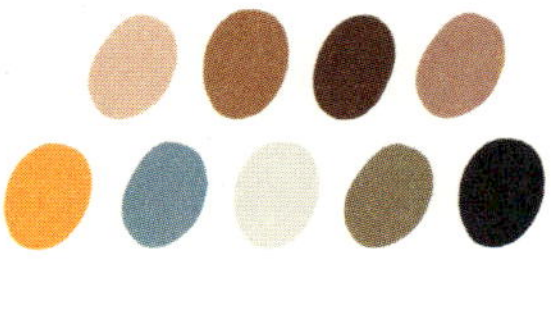

El poder de la música

¡Un retrato de la felicidad! Los ojos cerrados también pueden transmitir alegría si van acompañados de una barbilla levantada y una leve sonrisa.

(**1**) Esboce la cara con un círculo. Divídalo por la mitad con una línea horizontal discontinua.

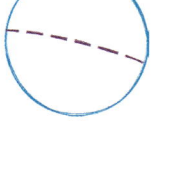

(**2**) Haga la barbilla con una «V» y el cuello con dos líneas rectas.

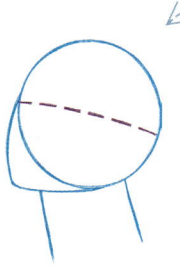

(**3**) Esboce el contorno del pelo con tres líneas curvas. Añada un óvalo para situar el auricular.

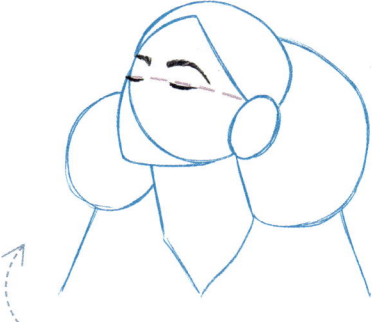

(**4**) Con tinta, dibuje los ojos y las cejas sobre la línea discontinua.

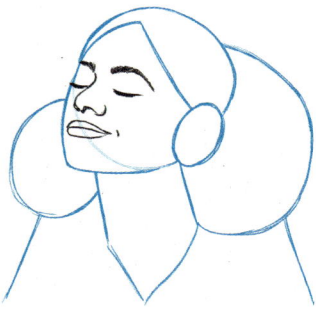

(**5**) Haga la nariz y la boca. Vaya borrando las guías a medida que avanza. Si lo desea, añada un piercing en la nariz.

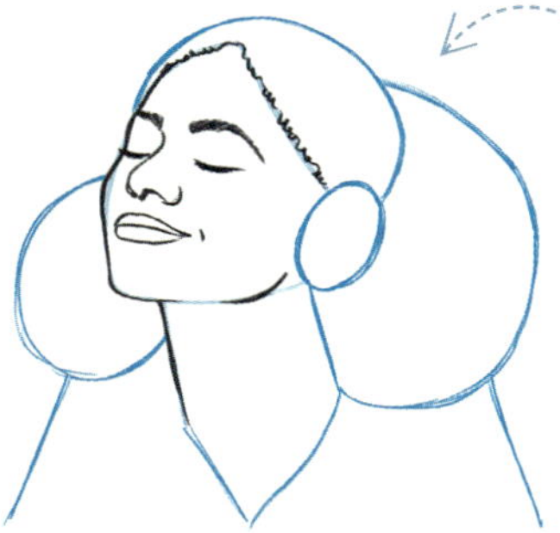

6 Dibuje la línea de nacimiento del pelo con una línea rizada. Trace el contorno de la cara.

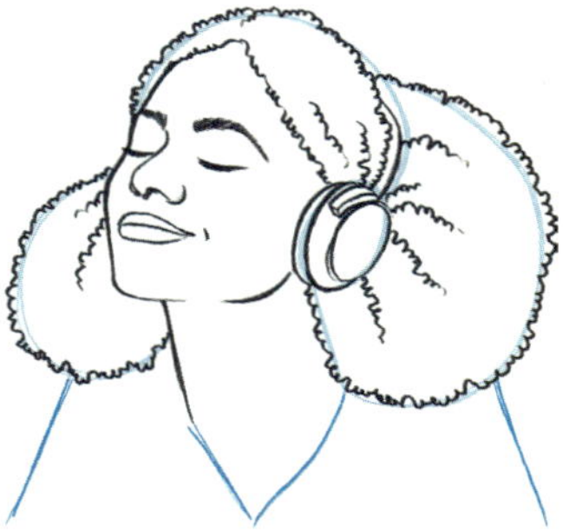

7 Haga el contorno del pelo con líneas rizadas y luego añada más rizos en el interior. Termine de dibujar los auriculares, incluida la banda de la cabeza.

8 Dibuje la camisa. Fíjese dónde incide la luz y agregue las sombras.

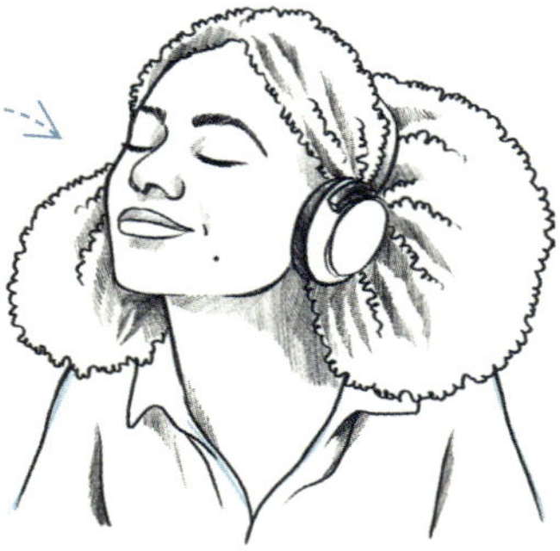

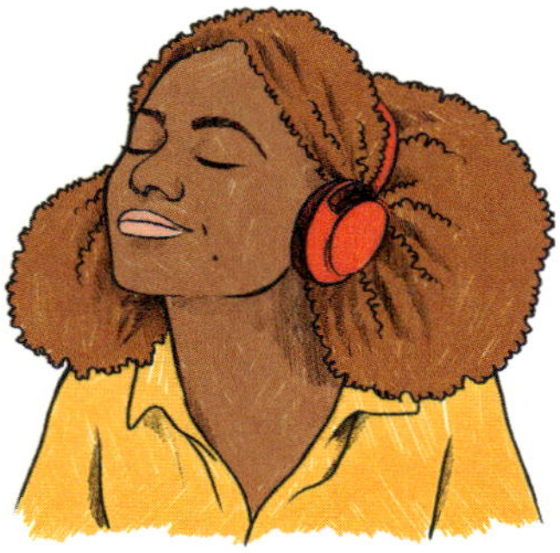

9 Empiece a pintar el dibujo.

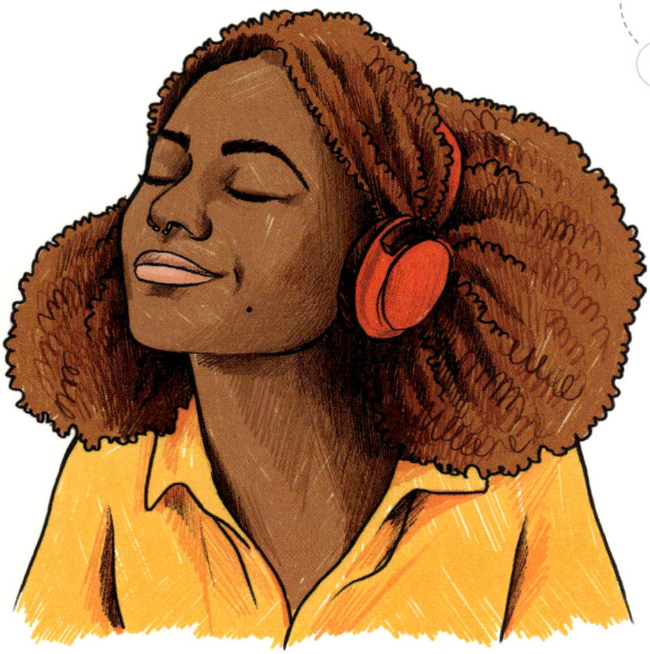

10 Para terminar el retrato, añada más sombras utilizando tonos más oscuros.

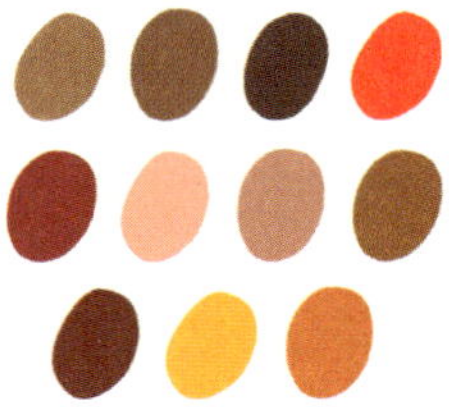

Pensativo

Este retrato no tiene florituras de ningún tipo: es serio y honesto.
La clave está en pintar la piel del tono adecuado.

1. Esboce la cara con un óvalo. Agregue dos líneas horizontales discontinuas que lo atraviesen por la mitad inferior.

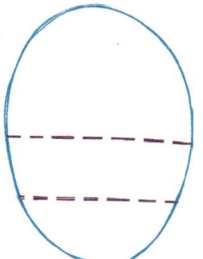

2. Trace una línea vertical curva en el lado derecho del interior del círculo: indicará el centro de la cara. Esboce las líneas del cuello y los hombros.

3. Añada una «V» para formar la nariz y un óvalo pequeño para situar la oreja.

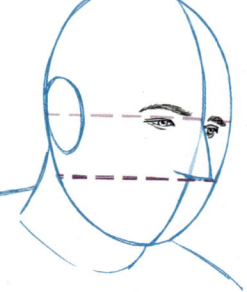

4. Con tinta, dibuje los ojos y las cejas en la línea discontinua superior. Vaya borrando las guías a medida que avanza.

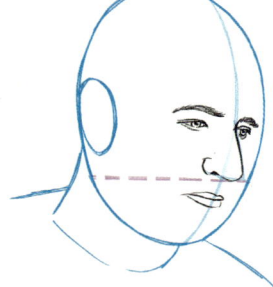

5. Haga la nariz y la boca.

6 Dibuje el contorno de la cabeza y la oreja, incluidos los detalles de su interior. Procure hacer el contorno de la cabeza lo más liso posible.

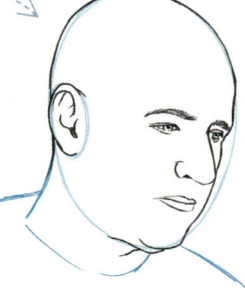

7 Siga con el cuello y los hombros.

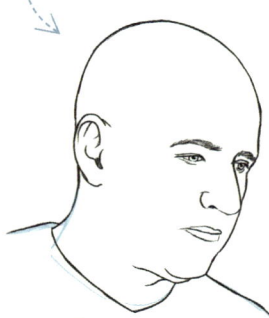

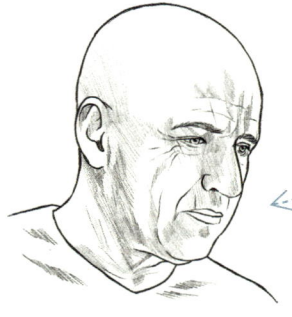

8 Fíjese dónde incide la luz y agregue las sombras.

9 Empiece a colorear, utilizando un tono más claro en las zonas iluminadas de la cara y el cuello.

10 Retoque las sombras utilizando tonos más oscuros.

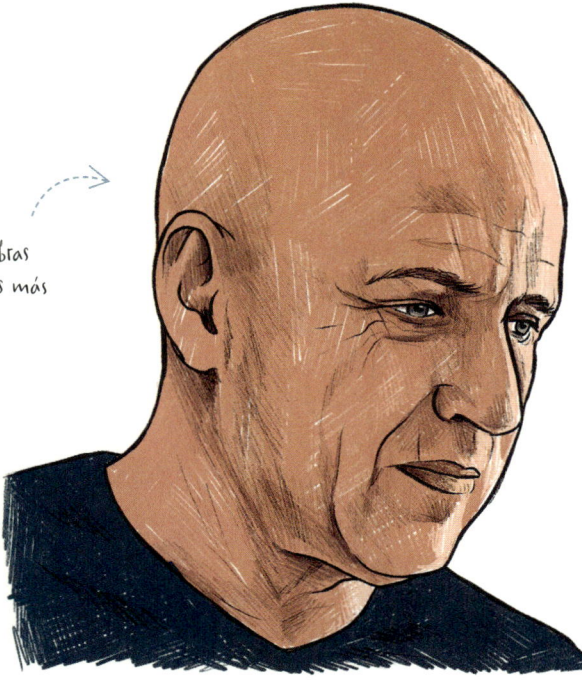

Sonriente

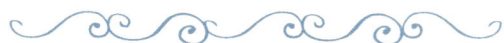

El sombrero de fieltro y las gafas de montura redonda, una combinación moderna y sofisticada, son una muestra de fuerza y confianza.

1 Esboce la cara con un círculo.

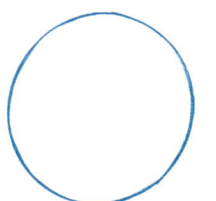

2 Debajo a la derecha, agregue una forma triangular para formar la mandíbula y la barbilla. Haga el cuello con dos líneas verticales.

3 Añada una línea vertical curva dentro de la forma de la cara, cerca del borde derecho: indicará el centro de la cara. Trace tres líneas horizontales discontinuas que atraviesen la parte inferior de la cara. Agregue los hombros.

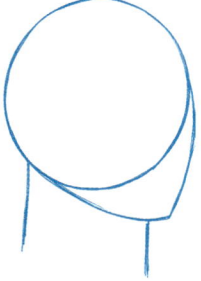

4 Con tinta, dibuje las gafas y luego los ojos y la nariz, tomando como referencia las líneas discontinuas.

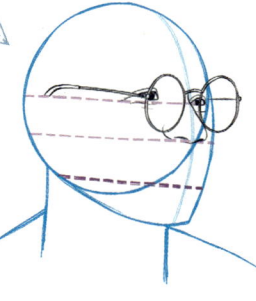

5 Haga también las cejas, la oreja y la boca. Vaya borrando las guías a medida que avanza.

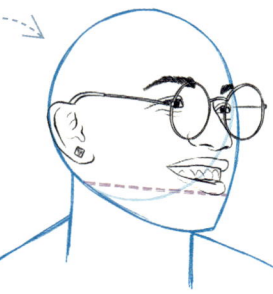

6 Trace el contorno de la cara, realzando el hueso de la ceja, la mejilla y la barbilla.

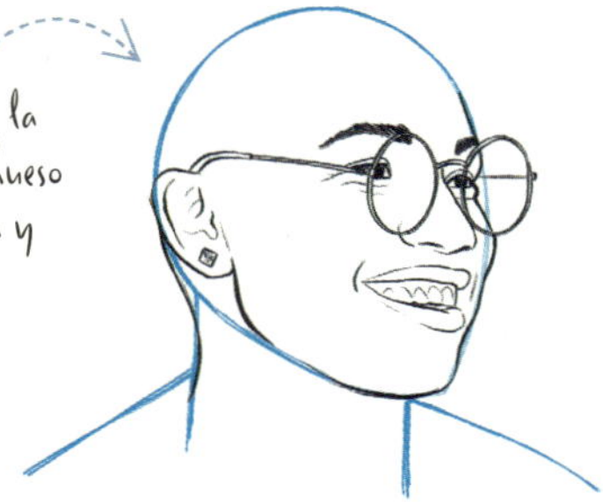

7 Dibuje las líneas del sombrero y la camisa.

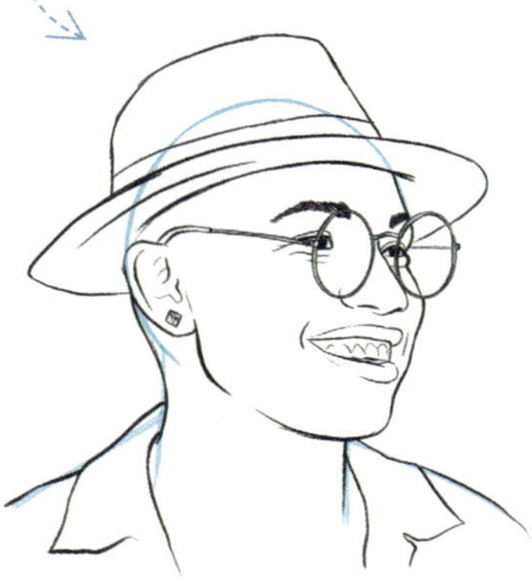

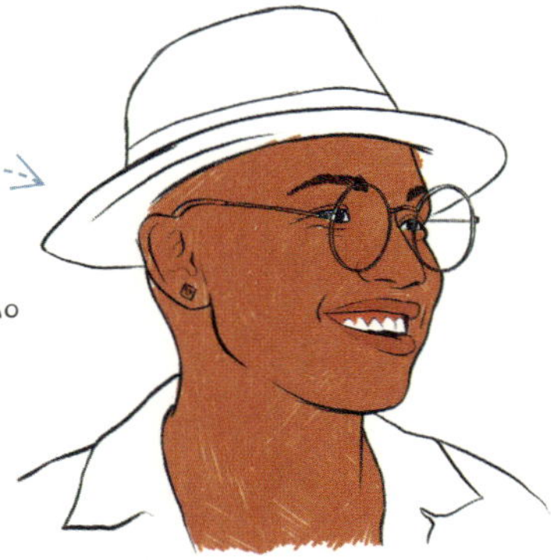

8 Empiece a pintar el dibujo. Elija un tono marrón para la piel.

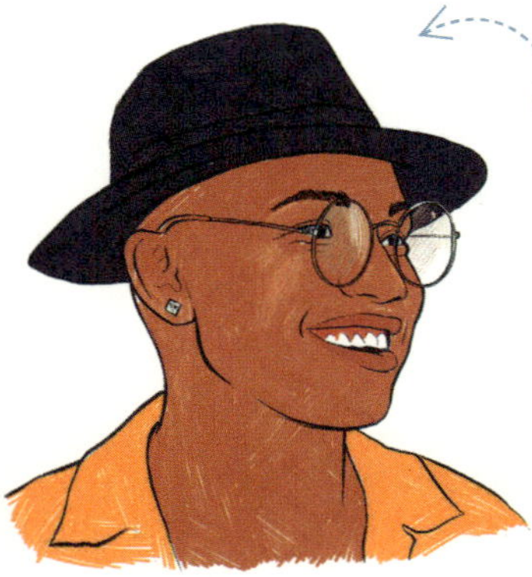

9 Coloree el sombrero, los ojos y las camisa.

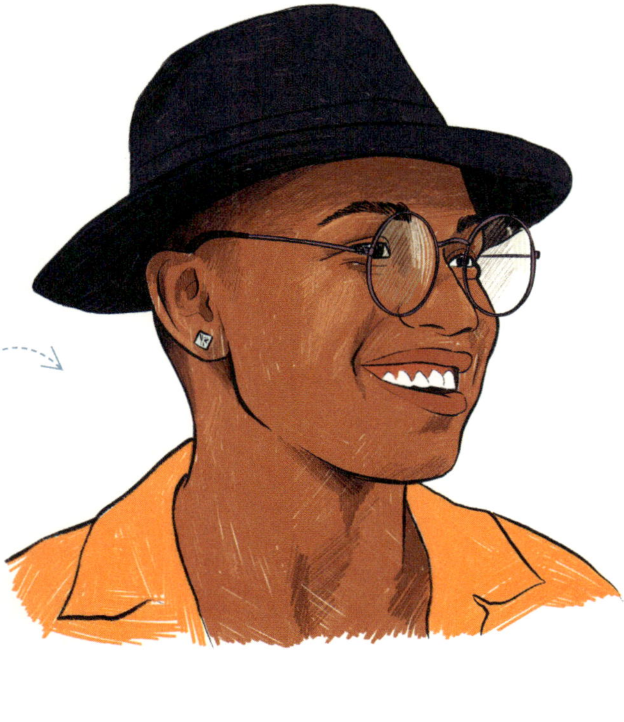

10 Por último, añada más sombras utilizando tonos más oscuros.

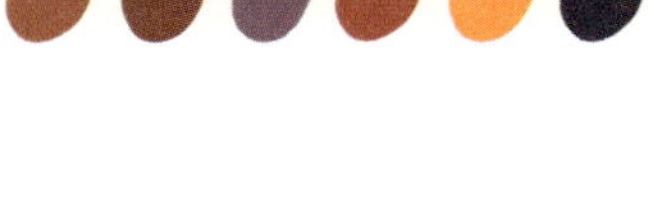

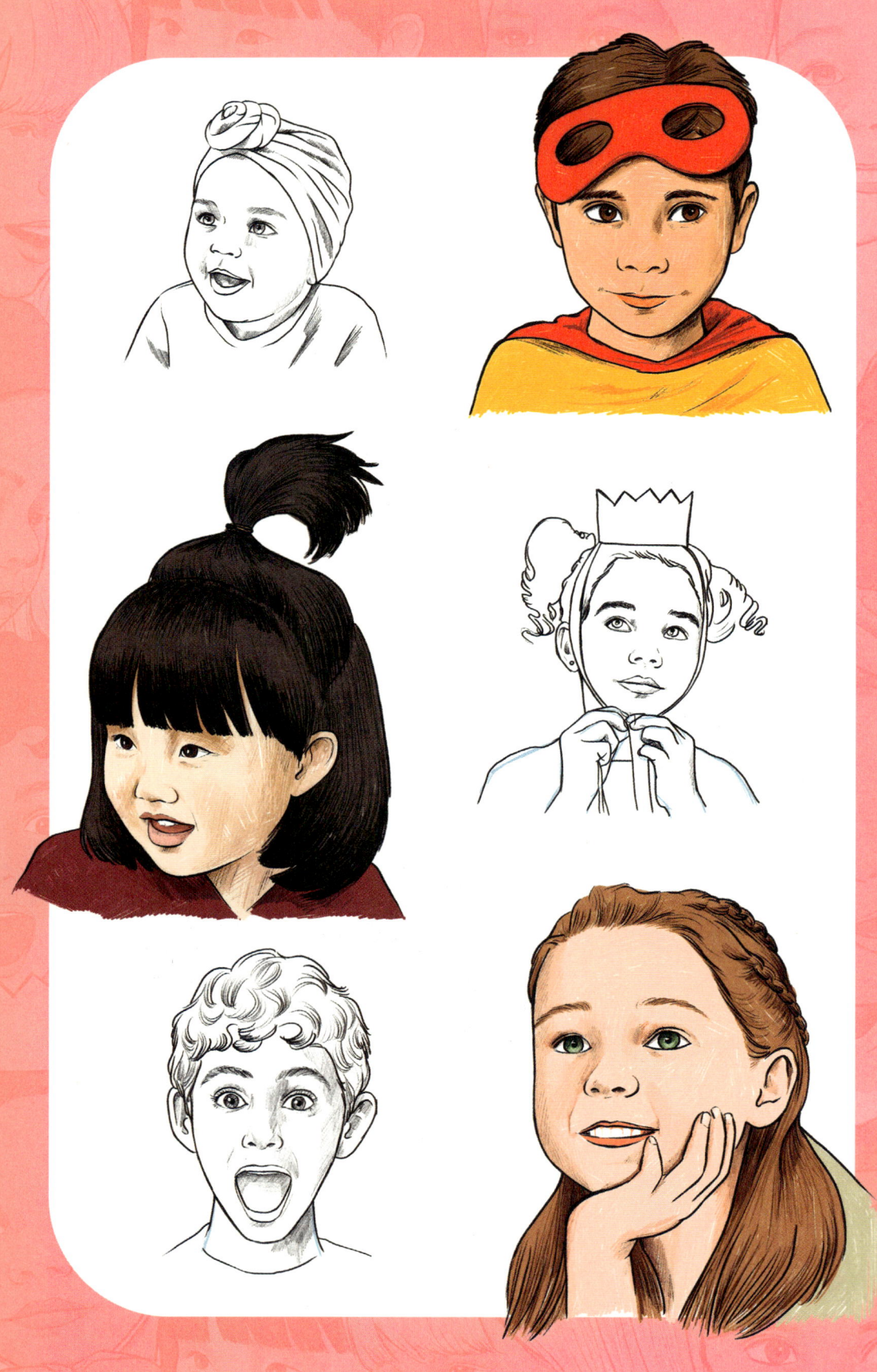

Niños y niñas

Juguetón

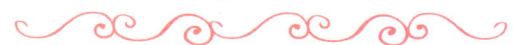

Una sencilla melena rubia convierte este rostro tan jovial
en un buen punto de partida para dibujar niños.

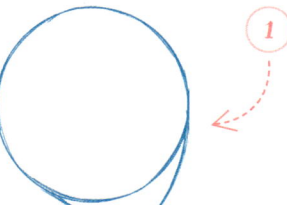

1 Esboce la cara con un círculo.
Debajo a la derecha, haga una
«V» para formar la mandíbula.
Borre la parte del círculo que
queda dentro de la «V».

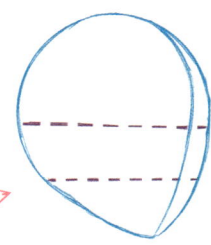

2 Añada una línea vertical curva
dentro del boceto, cerca del
borde derecho: indicará el centro
de la cara. Trace dos líneas
horizontales discontinuas que lo
atraviesen por la mitad inferior.

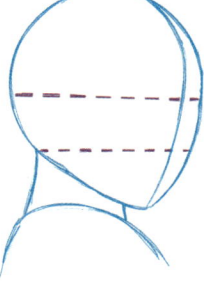

3 Esboce el cuello y los
hombros. Ahora tendrá la
postura general del niño.

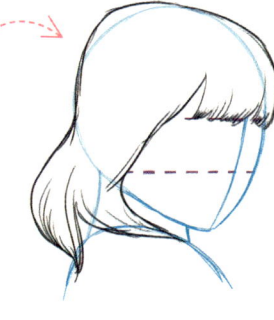

4 Empiece dibujando con
tinta el pelo del niño,
ya que cubrirá gran parte
de la cara. Vaya
borrando las guías a
medida que avanza.

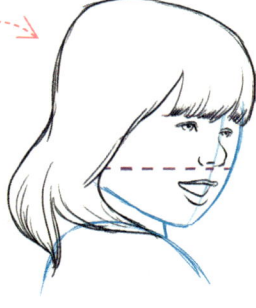

5 Tomando las líneas guía
como referencia, dibuje los
ojos, la nariz y la boca.

110

6 Trace el contorno de la cara.

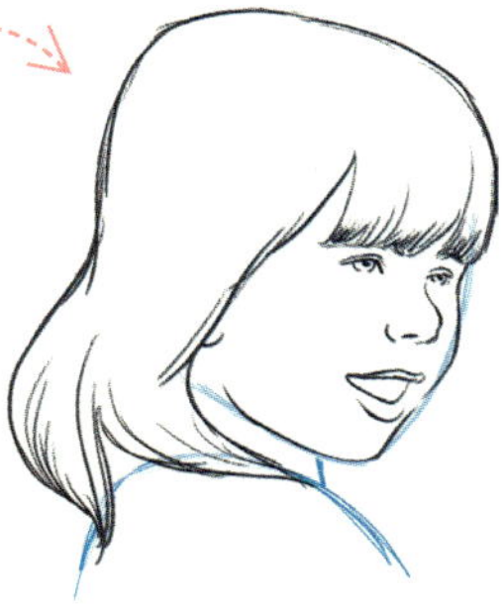

7 Dibuje las líneas de la ropa.

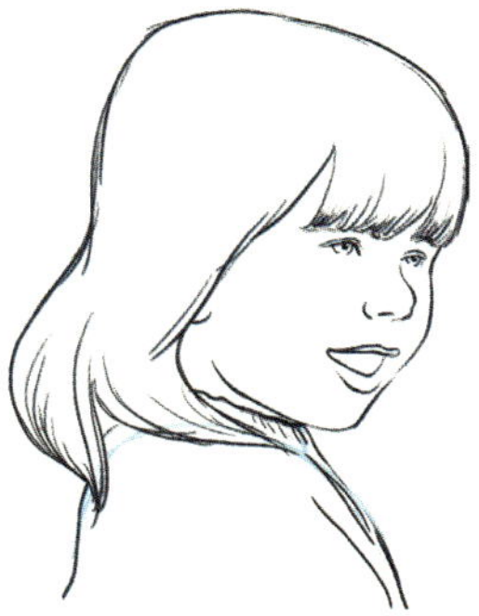

8 Fíjese dónde incide la luz y agregue las sombras.

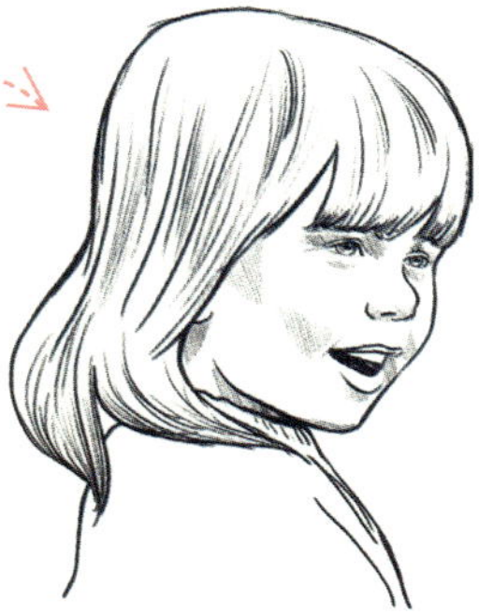

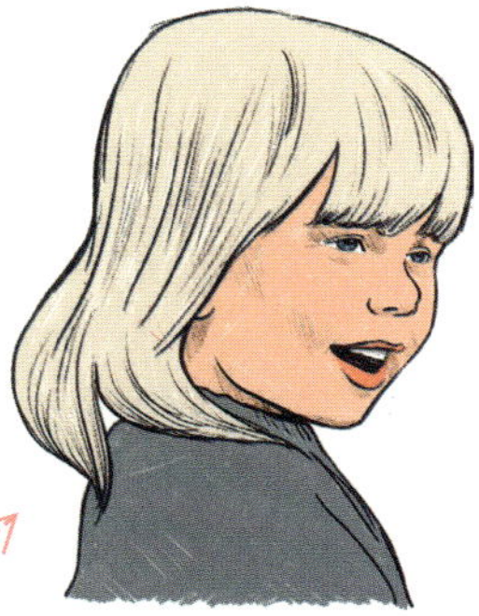

9 Pinte la piel, el pelo y la ropa.

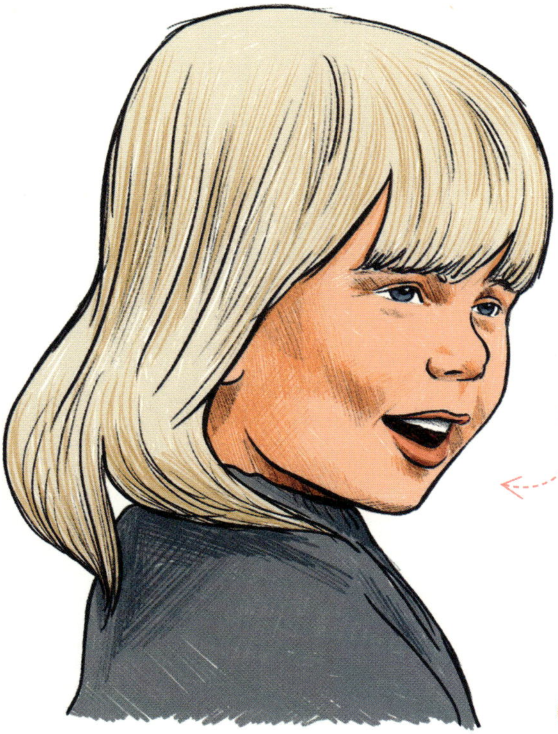

10 Por último, añada más sombras utilizando tonos más oscuros.

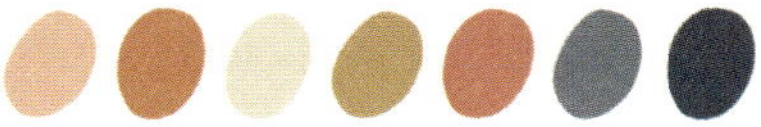

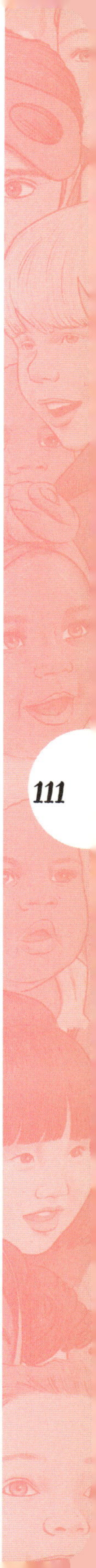

Atenta

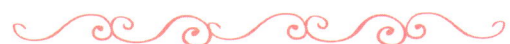

Los niños tienen la cara más redonda que los adultos y normalmente los ojos les brillan más. ¡Y este retrato no es ninguna excepción!

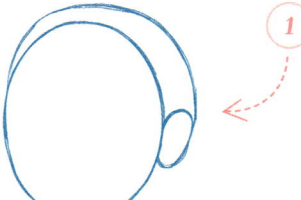

1 Esboce la cabeza con un círculo. Añada un óvalo a un lado para situar la oreja. Para hacer el pelo, trace un arco encima de la cabeza.

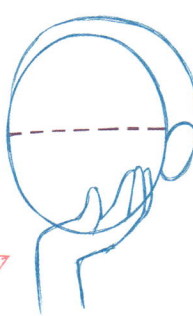

2 Divida el círculo por la mitad con una línea horizontal discontinua. Esboce la mano superpuesta a la barbilla.

3 Divida el círculo por la mitad con una línea vertical curva, que le servirá como referencia para colocar los rasgos faciales. En esta línea, añada la nariz y una línea corta a modo de boca.

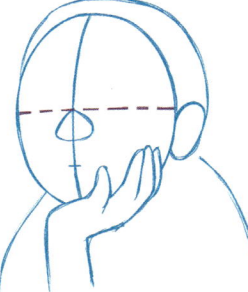

4 Con tinta, dibuje dos grandes ojos y las cejas sobre la línea discontinua. Vaya borrando las guías a medida que avanza.

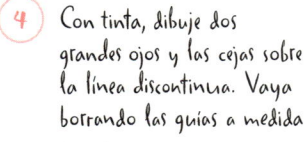

5 Haga la nariz y la boca.

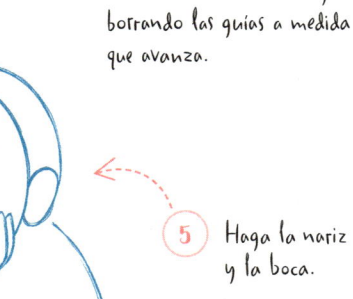

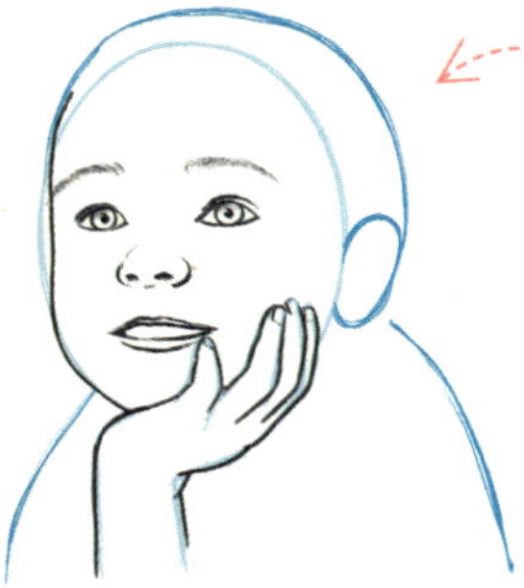

6 Trace el contorno de la cara y la mano.

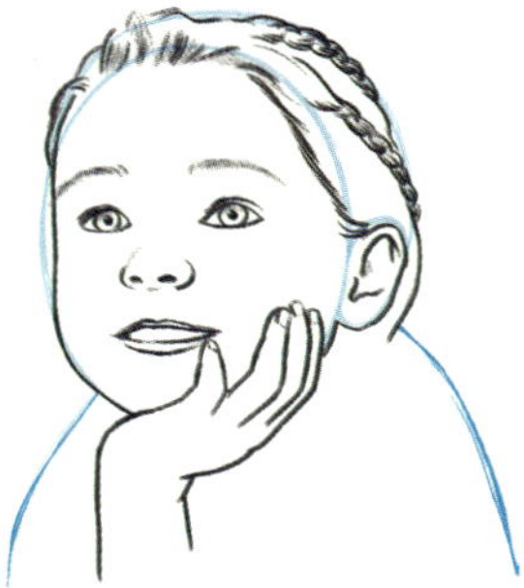

7 Dibuje el pelo alrededor de la frente con trazos curvos. Añada las dos trencitas.

8 Haga el pelo suelto con líneas largas y curvas. Fíjese dónde incide la luz y agregue las sombras.

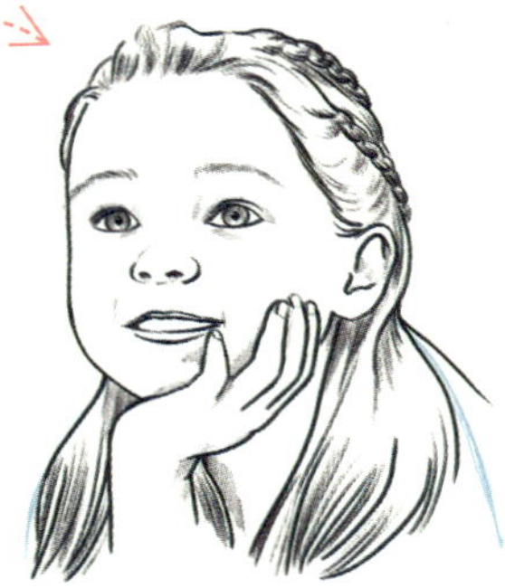

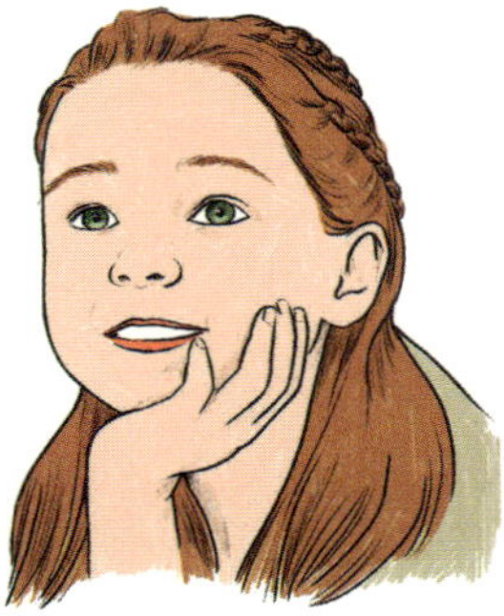

9 Empiece a pintar el dibujo.

10 Retoque las sombras utilizando tonos más oscuros.

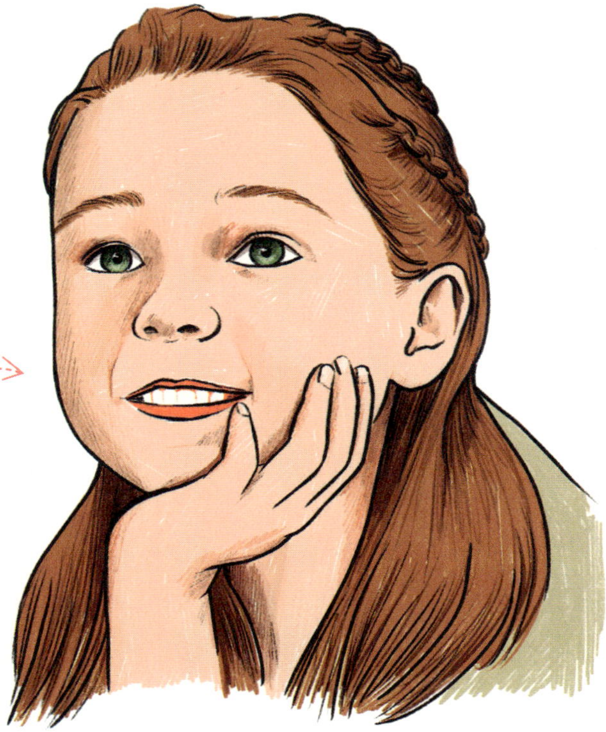

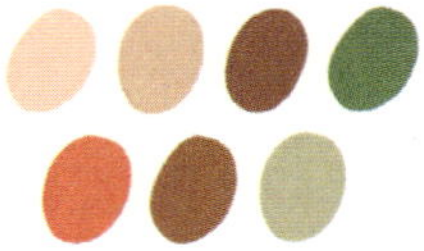

Con corona de fiesta

La impaciencia que sienten los niños antes de una fiesta de cumpleaños crea expresiones y posturas tan interesantes como esta.

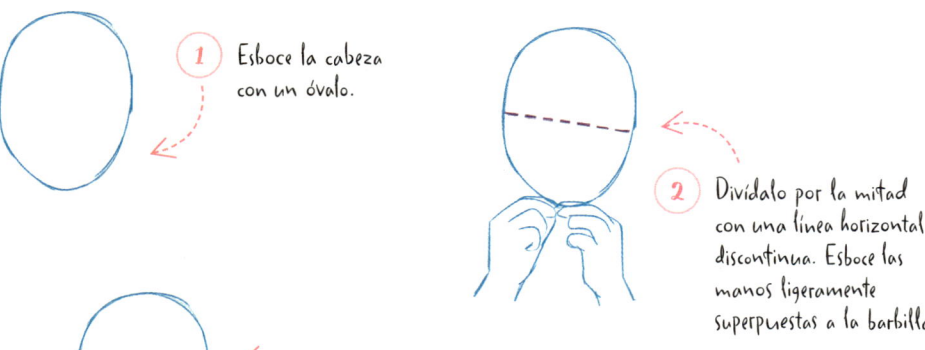

1 Esboce la cabeza con un óvalo.

2 Divídalo por la mitad con una línea horizontal discontinua. Esboce las manos ligeramente superpuestas a la barbilla.

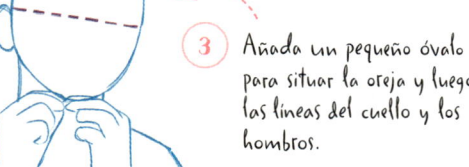

3 Añada un pequeño óvalo para situar la oreja y luego las líneas del cuello y los hombros.

4 Divida la cara por el centro con una línea vertical. Agregue un arco a cada lado de la cabeza para situar las coletas y luego esboce el contorno de la corona de papel.

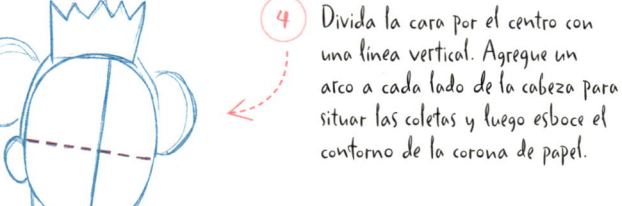

5 Con tinta, dibuje los ojos, las cejas, la nariz y la boca tomando las guías como referencia. Vaya borrando las guías a medida que avanza.

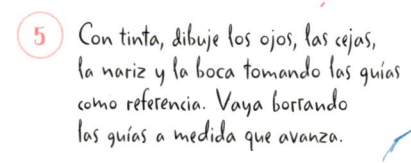

6 Trace el contorno de la corona y los lazos que la atan a la cabeza.

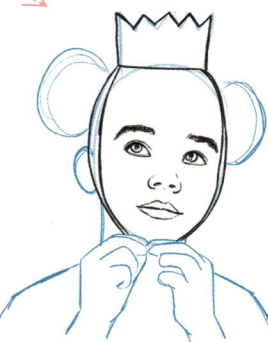

7 Dibuje una coleta de pelo rizado a cada lado de la cabeza. Añada la oreja, incluido el pequeño pendiente.

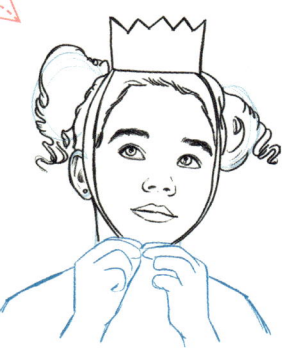

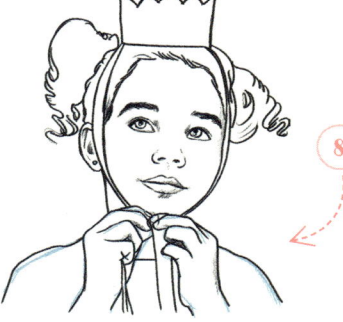

8 Haga las manos y los hombros. Agregue las sombras.

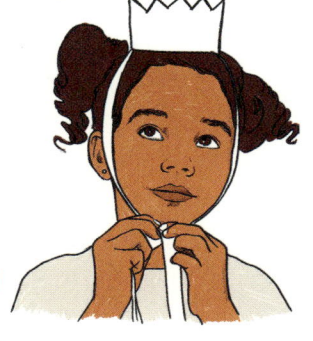

9 Pinte la piel, los ojos y el pelo. Elija el color de fondo de la ropa.

10 Por último, coloree la corona, añada los puntos de colores de la ropa y añada sombras utilizando tonos más oscuros.

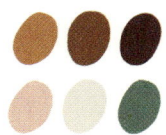

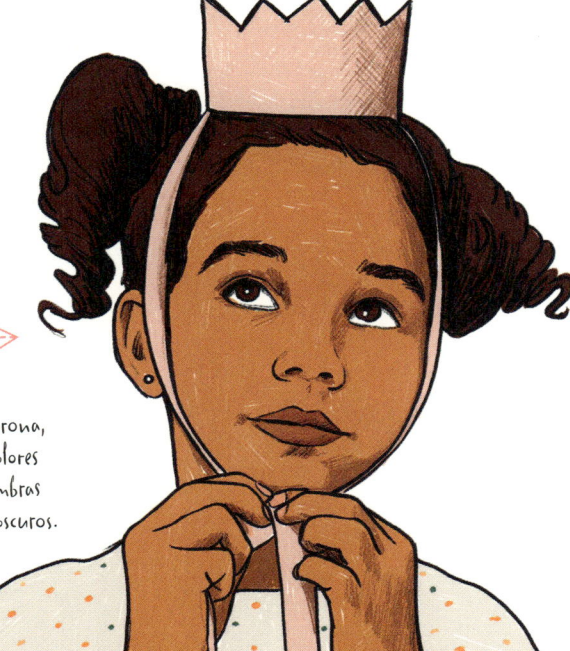

Con gorro de lana

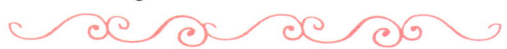

El peto y el gorrito de lana crean
un retrato extremadamente adorable.

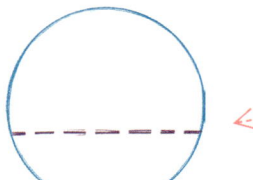

1 Esboce la cabeza con un círculo. Trace una línea horizontal discontinua que lo atraviese por la mitad inferior.

2 Debajo a la derecha, añada una «V» para formar la mandíbula. Más abajo, haga las líneas del cuello.

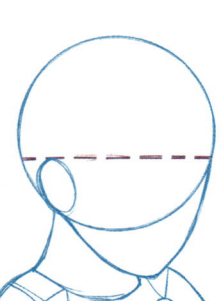

3 En lápiz, dibuje los hombros y algunos detalles de la ropa. Añada un pequeño óvalo para situar la oreja.

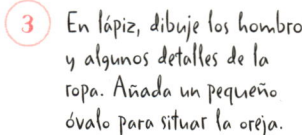

4 Esboce la forma del gorro encima del círculo.

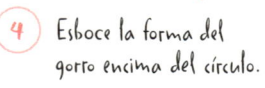

5 Con tinta, dibuje los ojos y las cejas por debajo de la línea discontinua. Vaya borrando las guías a medida que avanza.

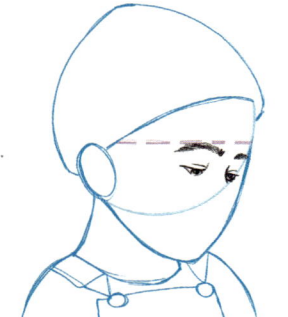

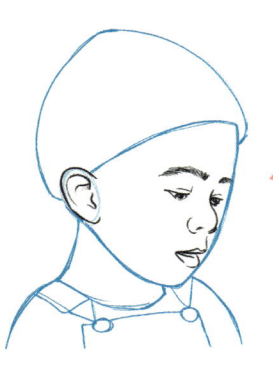

6 A continuación, haga la nariz, la boca y la oreja.

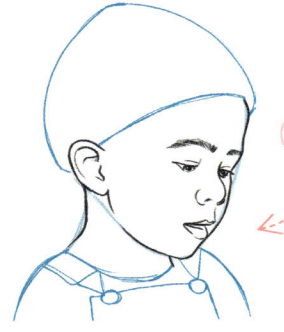

7 Dibuje el contorno de la cara.

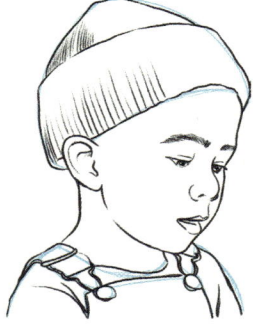

8 Añada los detalles del gorro y el peto.

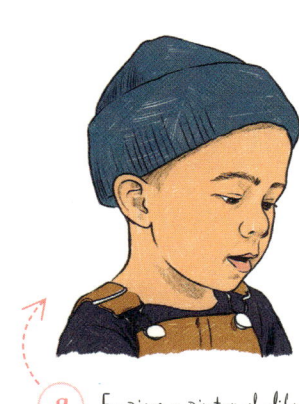

9 Empiece a pintar el dibujo y agregue las sombras.

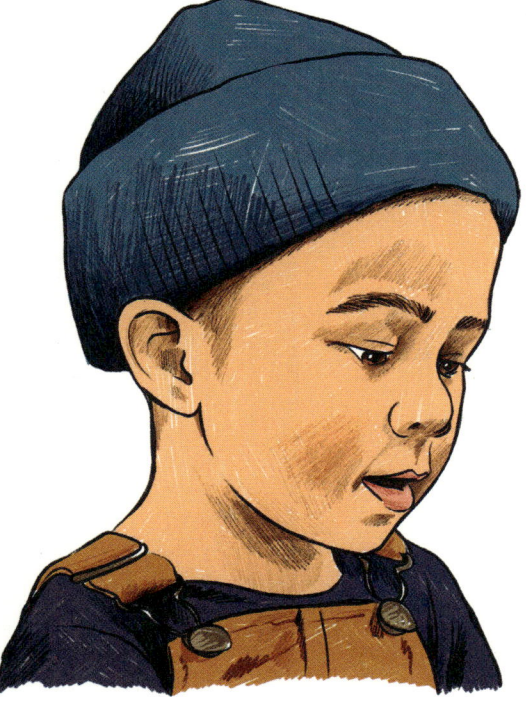

10 Por último, añada más sombras utilizando tonos más oscuros.

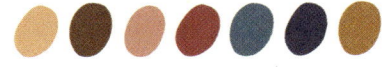

Bebé sonriente

El colorido turbante hace que este bebé sonriente
transmita aún más alegría.

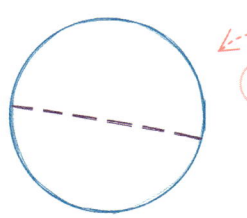

1. Esboce la cabeza con un círculo. Divídalo por la mitad con una línea horizontal discontinua.

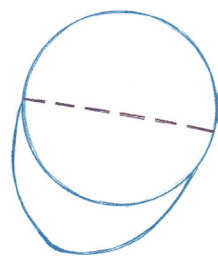

2. Abajo a la izquierda, añada una «U» para formar la mandíbula.

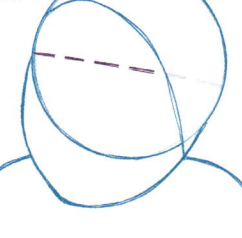

3. Dentro del círculo, trace un arco que descienda en diagonal para crear la parte delantera del turbante.

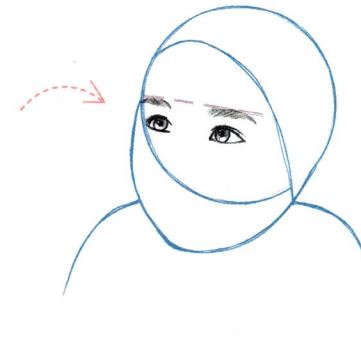

4. Con tinta, dibuje los ojos y las cejas por debajo de la línea discontinua.

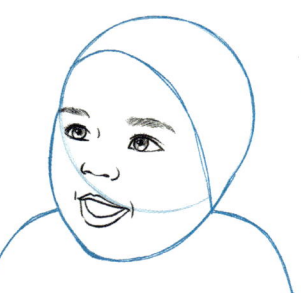

5. Haga también la nariz y la boca. Vaya borrando las guías a medida que avanza.

6 Trace las formas del turbante.

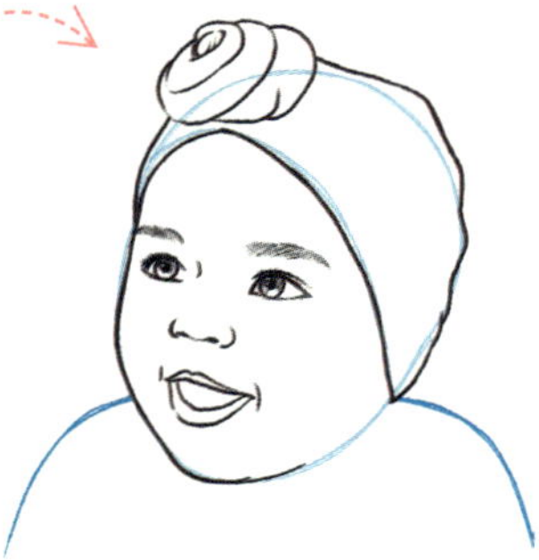

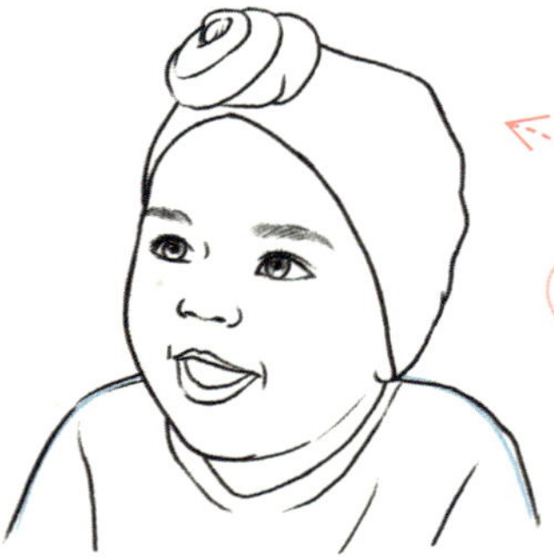

7 Añada las arrugas de la ropa.

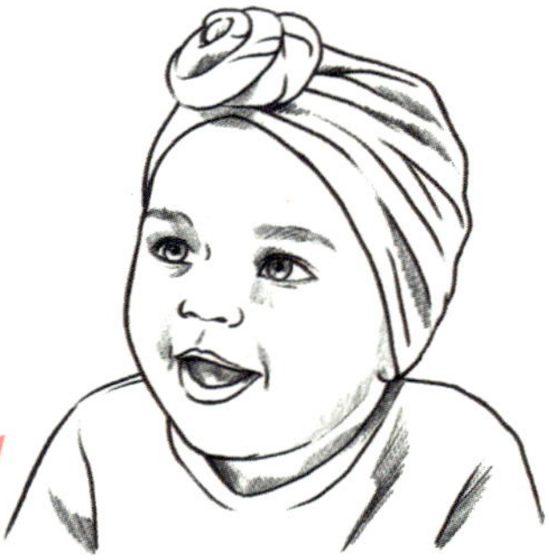

8 Haga las sombras.

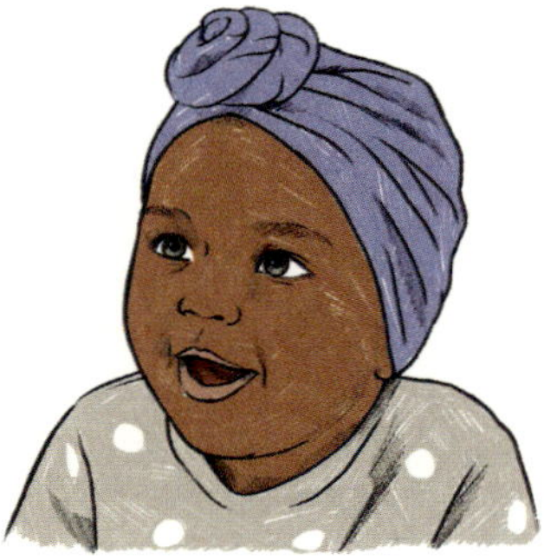

9 Coloree la piel, los ojos, el turbante y la ropa.

10 Retoque las sombras utilizando tonos más oscuros.

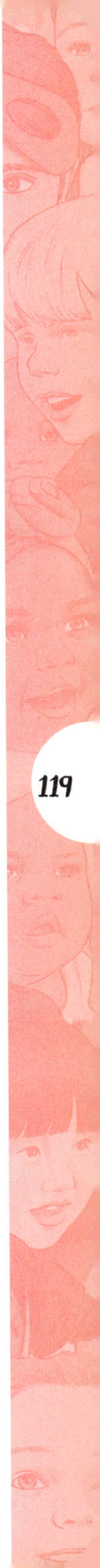

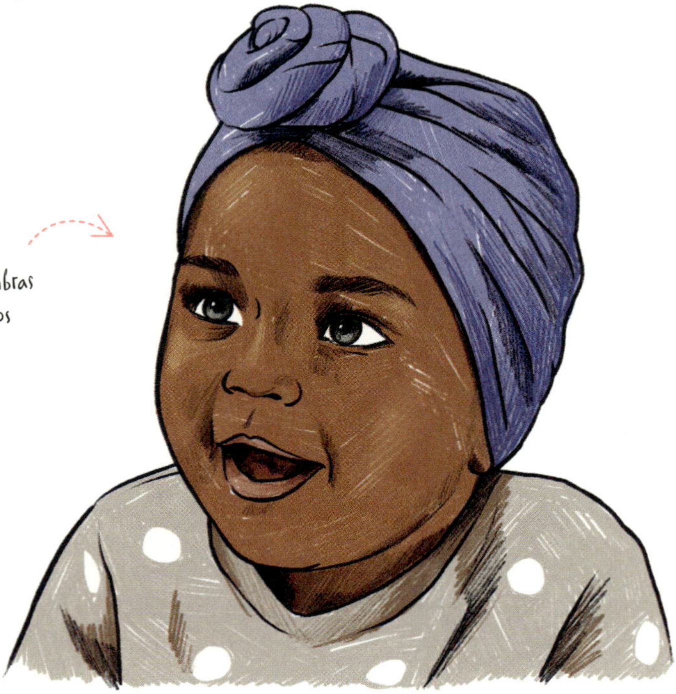

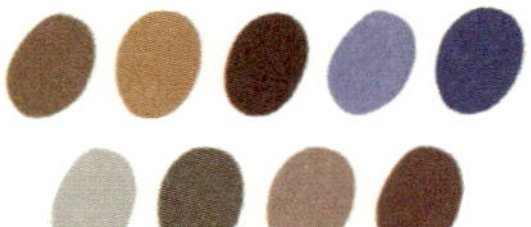

¡Sorpresa!

¿Una fiesta de cumpleaños? ¿Un regalo? Sea lo que sea,
¡supera los mejores sueños de este niño!

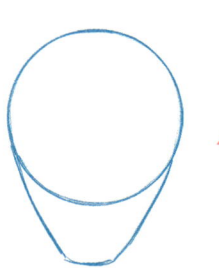

1 Esboce la cara con un círculo. Debajo, añada una «U» para crear la mandíbula.

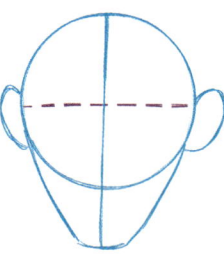

2 Divida el boceto por la mitad con una línea vertical y luego el círculo con una línea horizontal discontinua. Añada un óvalo a cada lado para situar las orejas.

3 Esboce un arco por encima de la cabeza: será la guía para el pelo.

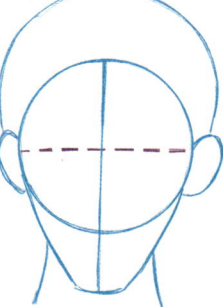

4 Con tinta, dibuje los grandes y sorprendidos ojos sobre la línea discontinua. Vaya borrando las guías a medida que avanza.

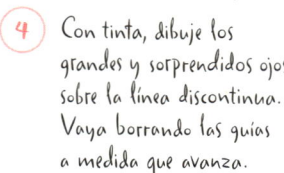

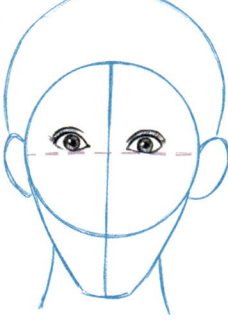

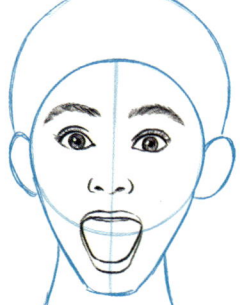

5 A continuación, haga la cejas, la nariz y la boca abierta.

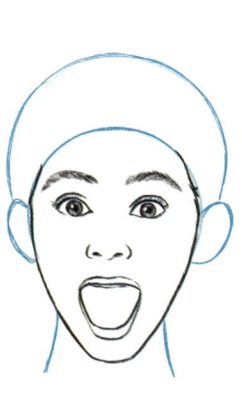

6 Dibuje el contorno de la cara.

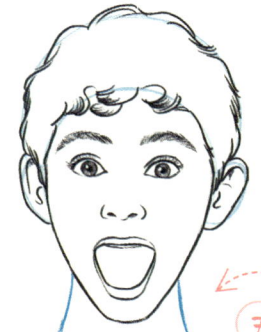

7 Trace el contorno del pelo ondulado. Dibuje las orejas.

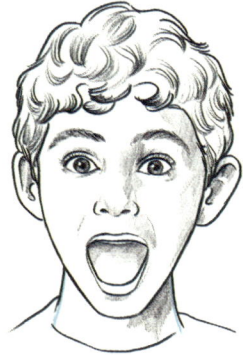

8 Trace las líneas del cuello y los hombros. Agregue las sombras.

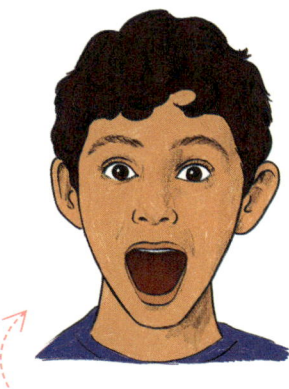

9 Coloree el dibujo.

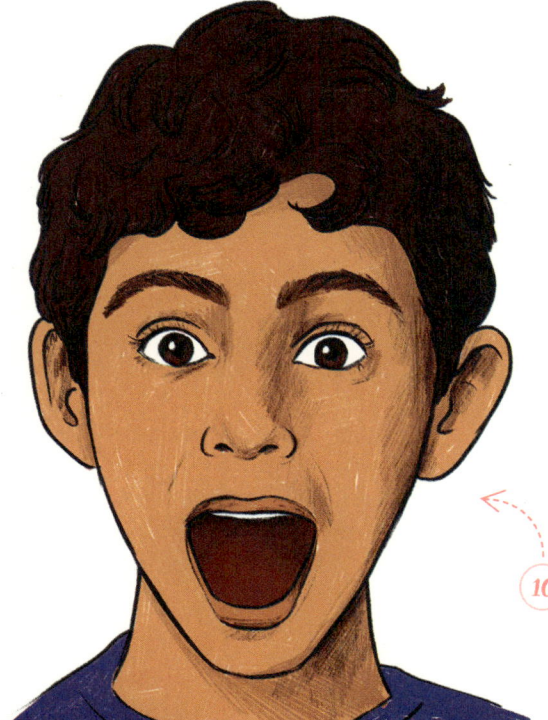

10 Por último, añada más sombras utilizando tonos más oscuros.

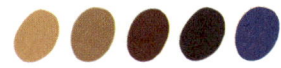

Bebé con capota

Este retrato de un bebé rollizo con una capota de color gris claro transmite inocencia y ternura.

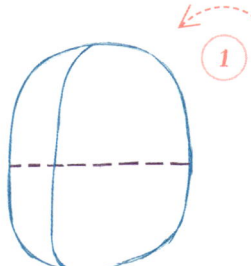

1 Esboce la cara con un cuadrado redondeado. Añada una línea vertical dentro del boceto, cerca del borde izquierdo: indicará el centro de la cara. Divídalo por la mitad con una línea horizontal discontinua.

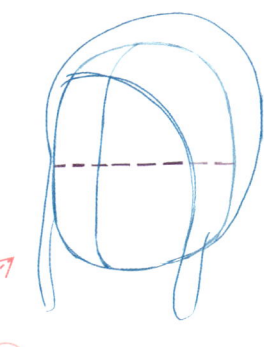

2 Esboce la capota encima de la cabeza.

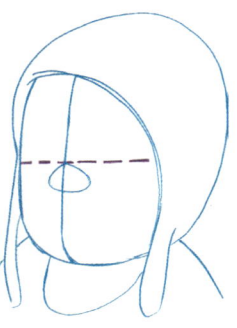

3 Trace la nariz en el punto de intersección de las dos líneas guía. Dibuje las líneas de los hombros y del cuello de la ropa.

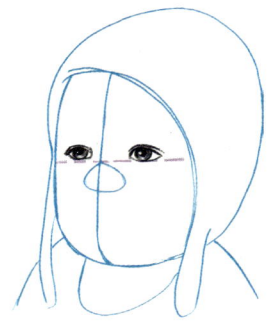

4 Con tinta, dibuje los ojos sobre la línea discontinua. Vaya borrando las guías a medida que avanza.

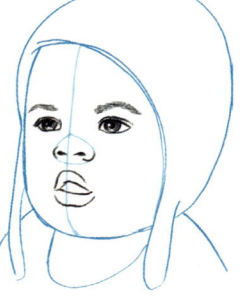

5 A continuación, haga la cejas, la nariz y la boca abierta.

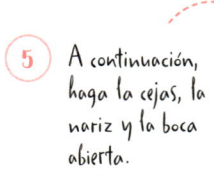

6 Trace el contorno de la cara.

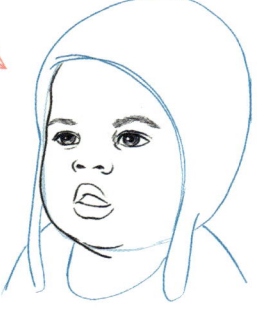

7 Siga con el contorno de la capota.

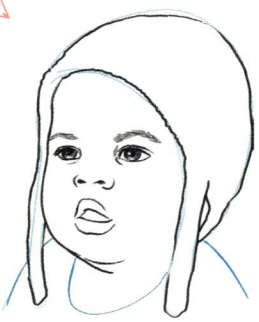

8 Dibuje los hombros y el cuello de la ropa. Haga las sombras.

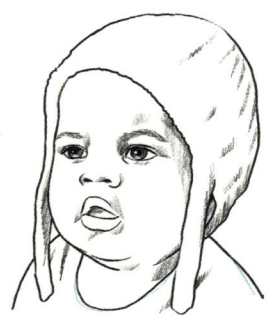

9 Empiece a pintar el dibujo.

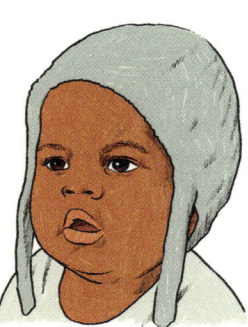

10 Por último, añada más sombras utilizando tonos más oscuros.

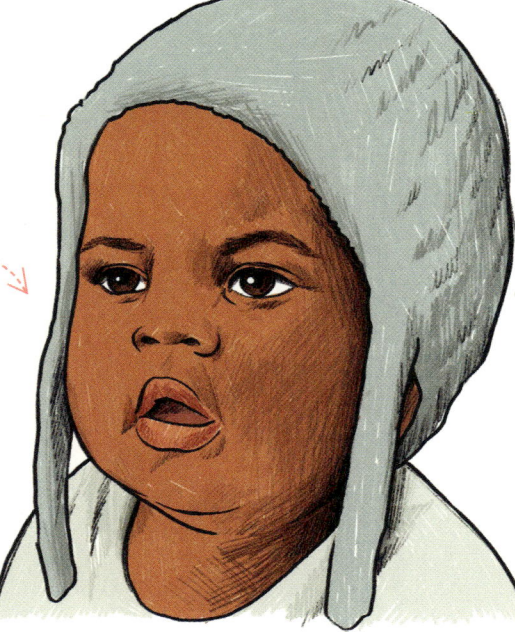

Llena de curiosidad

El flequillo recto y la graciosa coleta de esta niña enfatizan su expresión curiosa. ¡Pruebe a dibujarla!

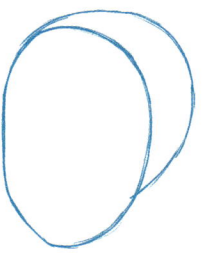

1 Esboce la cara con un óvalo. Agregue una línea curva a un lado para crear la parte trasera del cabeza.

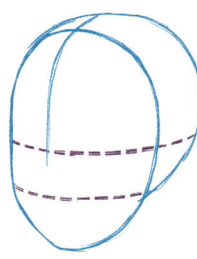

2 Trace una línea curva desde la parte superior de la cabeza hasta el centro de la cara para dividirla por la mitad y situar la nariz. Añada dos líneas horizontales discontinuas: serán las guías para colocar los ojos y la boca.

3 Esboce la forma del pelo. Después, borre las guías que quedan dentro del pelo. Haga las líneas guía de los hombros.

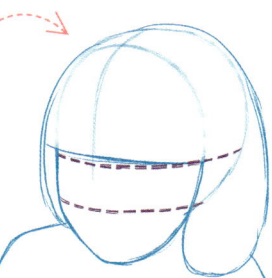

4 Con tinta, dibuje los ojos, la nariz y la boca tomando como referencia las líneas discontinuas. Vaya borrando las guías a medida que avanza.

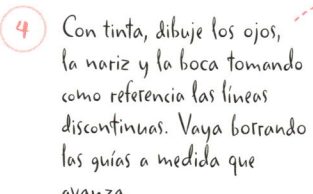

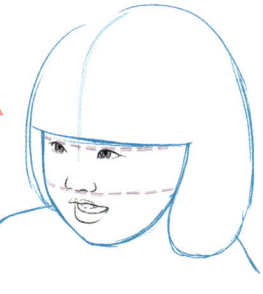

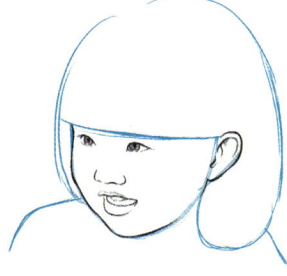

5 Trace el contorno de la cara siguiendo las guías, pero acabe de darle forma. Defina las mejillas, la barbilla y la línea de la mandíbula. Añada la oreja en la parte superior de la mandíbula.

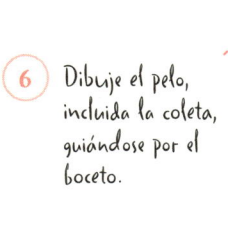

6 Dibuje el pelo, incluida la coleta, guiándose por el boceto.

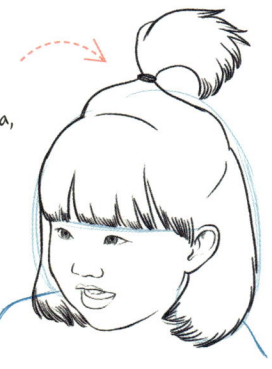

7 Siga con el cuello y los hombros.

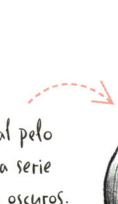

8 Agregue sombras al pelo y la cara con una serie de trazos finos y oscuros.

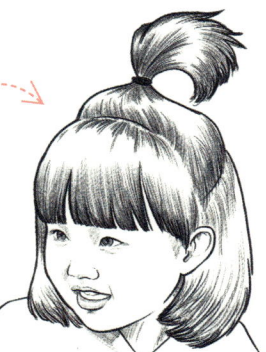

125

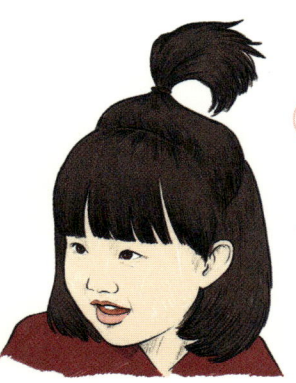

9 Elija los colores y empiece a pintar.

10 Retoque las sombras utilizando tonos más oscuros. Fíjese dónde incide la luz para determinar qué zonas son más oscuras y cuáles más claras.

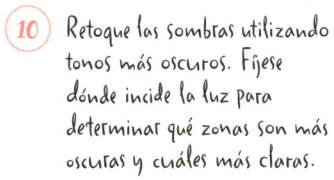

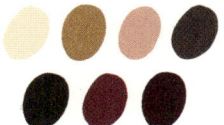

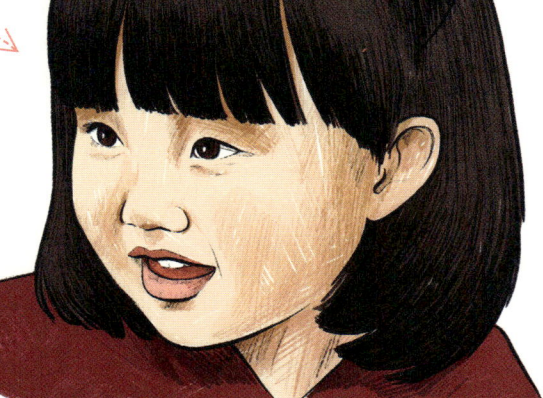

Superhéroe

¡La mirada traviesa sugiere que este superhéroe está a punto de pasárselo en grande!

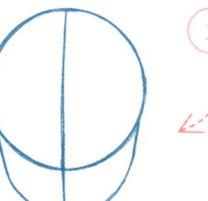

1 Esboce la cara con un círculo. Divídalo con una línea vertical ligeramente curva que sobrepase la base del círculo. Después, una el extremo de la línea con los lados del círculo para formar la mandíbula.

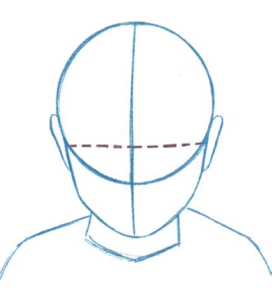

2 Añada una línea horizontal discontinua en la parte inferior del círculo y luego la forma de las orejas. Trace las líneas guía del cuello y los hombros.

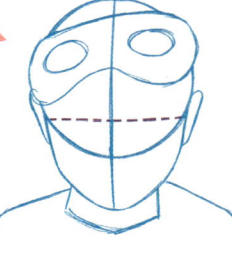

3 Esboce el antifaz de superhéroe en la parte superior de la cabeza.

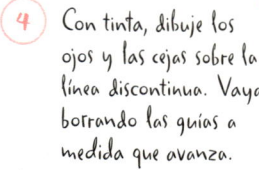

4 Con tinta, dibuje los ojos y las cejas sobre la línea discontinua. Vaya borrando las guías a medida que avanza.

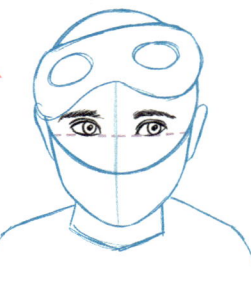

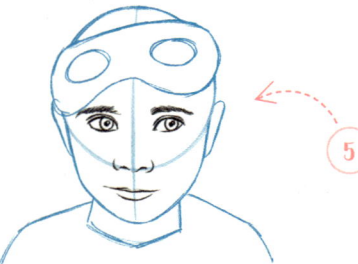

5 Tomando las líneas guía como referencia, dibuje la nariz y la boca.

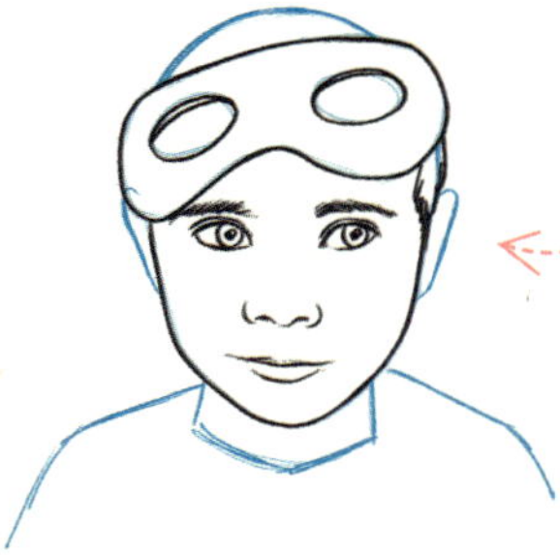

6 Trace el contorno de la cara y el antifaz.

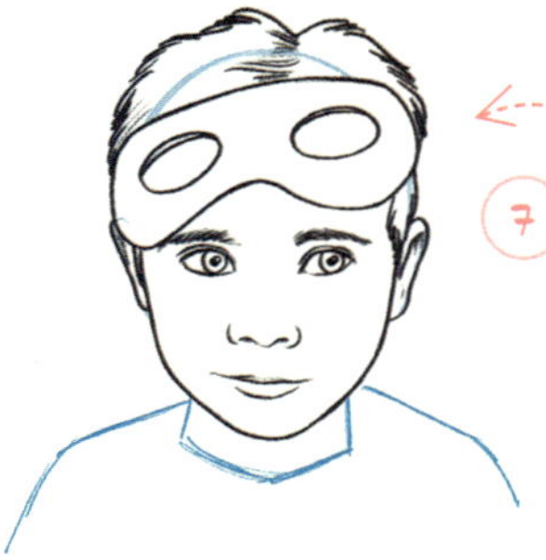

7 Añada el pelo con una serie de trazos cortos. Con tinta, dibuje las orejas, incluidos los detalles del interior.

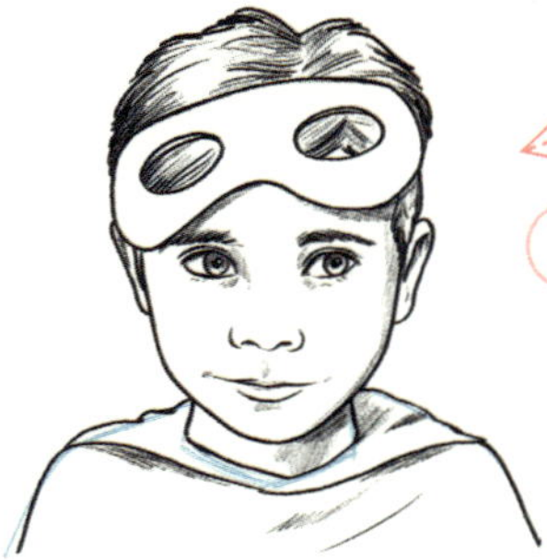

8 Añada más pelo, también en los agujeros del antifaz. Haga el cuello, la camiseta y la parte superior de la capa. Agregue las sombras.

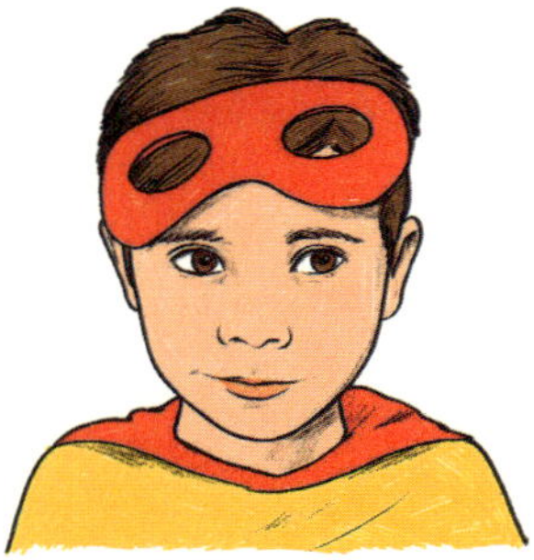

9 Empiece a pintar el dibujo con los típicos colores vivos de los superhéroes.

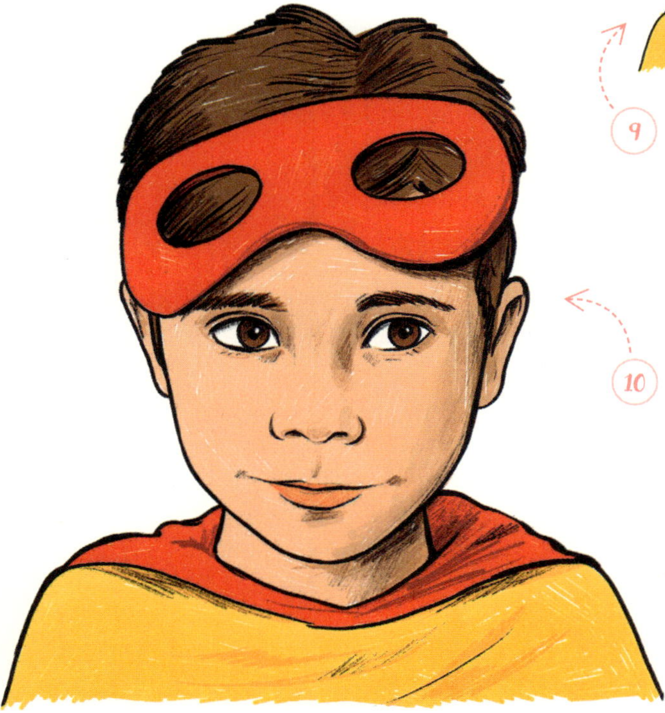

10 Por último, añada más sombras utilizando tonos más oscuros.

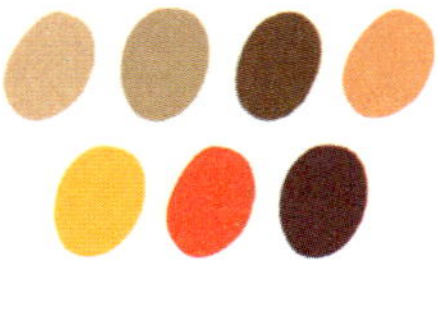

Acerca de la artista

La ilustradora, diseñadora y guionista gráfica Justine Lecouffe vive en Londres, Reino Unido. Trabaja principalmente en los ámbitos de la ilustración digital y el diseño gráfico, aunque ha hecho alguna incursión en el mundo de la animación. Su obra trata a menudo temas como la feminidad, la belleza y la naturaleza, lo que la convierte en una opción ideal para clientes del sector de la moda, la joyería y la cosmética. Aunque está especializada en ilustración y diseño, tiene una larga y ambiciosa lista de estilos y géneros que le gustaría dominar. Cuando no dibuja, le gusta cocinar, pasear en bici por Londres, tomar fotos analógicas o sencillamente ver memes de perros y gatos.

Si le apetece saber más acerca de Justine o ver otras obras suyas, visite la cuenta de Instagram @justine_lcf.

Agradecimientos

Muchas gracias a los lectores de los títulos previos de la serie *Dibujar en 10 pasos*: *Personas*, *Objetos cotidianos*, *Gatos*, *Perros* y *Caballos y ponis*, por sus comentarios tan positivos. Han sido un estímulo maravilloso que me ha animado a seguir dibujando para crear este sexto título. Me encanta ver vuestros dibujos, así que podéis seguir mandándomelos a través de Instagram.

También quisiera reiterar mi inmenso agradecimiento al equipo de The Bright Press por ofrecerme otra fantástica oportunidad y su extraordinario apoyo a lo largo de todo el proyecto.

Por el uso de las imágenes que me han servido de referencia para recrear los proyectos de este libro, quisiera dar las gracias a: **Pexels** 40 Pixabay; 42 Pravin Maniam; 46 Cottonbro Studio; 48 Rodnae Productions; 50 Slaytina; 52 Roman Odintsov; 54 Saranjeet Singh; 56 Rüveyda; 58 Javon Swaby; 60 Natalia Malushina; 62 Rüveyda; 64 Tehmasip Khan; 66 Brett Sayles; 68 Cottonbro Studio; 70 Vincent Tan; 74 Andrea Piacquadio; 76 Anna Shvets; 78 Arianna Jadã; 80, 82, 84, 86 Cottonbro Studio; 88 Guilherme Ameida; 90 Ike Louie Natividad; 92 Mabel Lee; 94 Mehmet Turgut Kirkgoz; 96, 98 Moe Magners; 100 Rfstudio; 102 Jorge Fakhouri Filho; 104 Thomas Ronveaux; 106 Wilson Vitorino; 110 Allan Mas; 112, 114 Cottonbro Studio; 116 Ketut Subiyanto; 118 William Fortunato; 120 Mohamed Abdelghaffar; 122 Mwabonje; 124; Pixabay; 126 Tehmasip Khan; **Unsplash** 44 Janko Ferlic.